香山古道（翔安区文化馆　供图）

香山古道（业翔民安　供图）

同民安关隘（"清风内厝"　供图）

翔安九溪（翔安区河长办　供图）

东溪源头古宅段（黄坚定　摄）

翔安九溪（朱毅力　摄）

古宅辜山古道（黄坚定　摄）

古宅十八弯古道(黄坚定 摄)

翔安古道

厦门市翔安区政协文史和学习宣传委员会　编
黄坚定　著

海峡出版发行集团 | 海峡文艺出版社

图书在版编目(CIP)数据

翔安古道/厦门市翔安区政协文史和学习宣传委员会编. — 福州:海峡文艺出版社,2025.3
ISBN 978-7-5550-3919-8

Ⅰ.K295.73

中国国家版本馆 CIP 数据核字第 2024BE9391 号

翔安古道

厦门市翔安区政协文史和学习宣传委员会　编

出 版 人	林　滨		
责任编辑	何　莉		
出版发行	海峡文艺出版社		
经　　销	福建新华发行(集团)有限责任公司		
社　　址	福州市东水路 76 号 14 层	邮编	350001
发 行 部	0591－87536797		
印　　刷	厦门市竞成印刷有限公司	邮编	361009
地　　址	厦门市同安工业集中区同安园 135 号		
开　　本	787 毫米×1092 毫米　1/16		
字　　数	188 千字		
印　　张	14.25	插页	4
版　　次	2025 年 3 月第 1 版		
印　　次	2025 年 3 月第 1 次印刷		
书　　号	ISBN 978-7-5550-3919-8		
定　　价	60.00 元		

如发现印装质量问题,请寄承印厂调换

序

所谓道者,道也;人之所行。

鲁迅说:

世界上本无路,走的人多了,也便成了路。

它与人类相伴而生,一起成长。

翔安区虽然成立较晚,但早在商周时期就有人类活动轨迹,西汉就有道路可通泉漳。厦门史上第一条人工道路,闽越王郢在汉初开辟的罗田—豪岭兵道,即从现今翔安古宅村起步;宋代,泉州、漳州驿道横贯境内。除了陆道之外,翔安还有纵横境内的古老水道,直通大海,记录着翔安先民下南洋、过台湾、走四方的历史篇章。

习近平总书记指出:只有回看走过的路、比较别人的路、远眺前行的路,弄清楚我们从哪儿来、往哪儿去,很多问题才能看得深、把得准。他还强调:历史是最好的教科书,一切向前走,都不能忘记走过的路；走得再远、走到再光辉的未来，也不能忘记走过的过去。

追溯翔安古道，即探源翔安历史，解读翔安人文。

让我们一起，走进翔安，穿越时空，拨开历史迷雾；行走古老陆道水路，探寻那古老厚重的翔安人文之道……

目　录

陆道卷

西汉闽越王首开厦门第一道……………………………………002

古宅古道与历史上多场战争有关………………………………010

"厦门第一道"起点的古老村落…………………………………022

明代金柄"布衣古道"……………………………………………031

探秘古代暗道——新圩窿和诗坂巷……………………………037

新圩历史上的五条古道故事……………………………………043

后亭与军村的古道基因…………………………………………051

小盈岭官道堪称古代翔安命脉…………………………………056

朱熹与古道之盈岭三魁和鸿渐…………………………………069

清初盈岭古道上的两大血战……………………………………075

前垵秀才为同安化缘古道"飞地"………………………………080

追寻小盈岭下的先贤们…………………………………………083

翔安古地名中的"官路元素"……………………………………089

沈井驿铺与台湾医祖沈佺期……………………………………093

"新店"其实是明代官道"老店"……099
香山古道"香"在何处……102
翔安境内的水陆兼办驿道……108
循迹泉漳古道的翔安人文……112
沙溪至马巷驿道……120
沙溪—刘五店水陆兼备驿道沿海主线……126
沙溪—刘五店水陆兼备驿道内陆支线……134

水道卷

比路更古老的水道……144
东溪水道上的钟山神秘部落……146
九溪水道……150
翔安的航道码头和渡口……157
马家港缘何舍"家"弃"水"成马巷……160
刘五店的保家卫国之道……167
莲河古渡兴盐业……179
大嶝港：明代种树，清末开埠……185

附录

翔安主要古道一览表……193
翔安自传——讲述数千年来的"绥德往事"……203

陆道卷

西汉闽越王首开厦门第一道

导读：探秘厦门最古老道路，回首闽越往事、宋蒙硝烟以及解放战争风云。

在《厦门市志》（2004版）、《同安县志》（2000版）、《翔安区志》（2011版）的"大事记"中，开篇第一条如是记载：

建元六年（前135），闽越王郢进兵南粤，开辟同安境内罗田至豪岭的古道65里。

这不仅是目前厦门史书有文字记载的第一条道路，也是迄今厦门史上记载的第一条人文轨迹。

在1998版《福建省志·交通志》第一篇第一章的古道部分也有类似记载：

汉武帝建元三年（前138），闽越王郢兴师进犯东瓯（今浙江温州），兵分两路：一路由浦城经浙江龙泉进温州；一路由福州经宁德、福鼎抵温州。建元六年（前135），郢进兵南越（今广州），乃从福州经泉州、漳州、诏安而达广东。从而，又打开了闽浙、闽粤之间的通道。

因此，关于闽越王郢开辟"厦门第一道"这件事，是有实据的。问题是，这条古老的兵道历经两千多年岁月洗礼，是否还在，又在哪里呢？

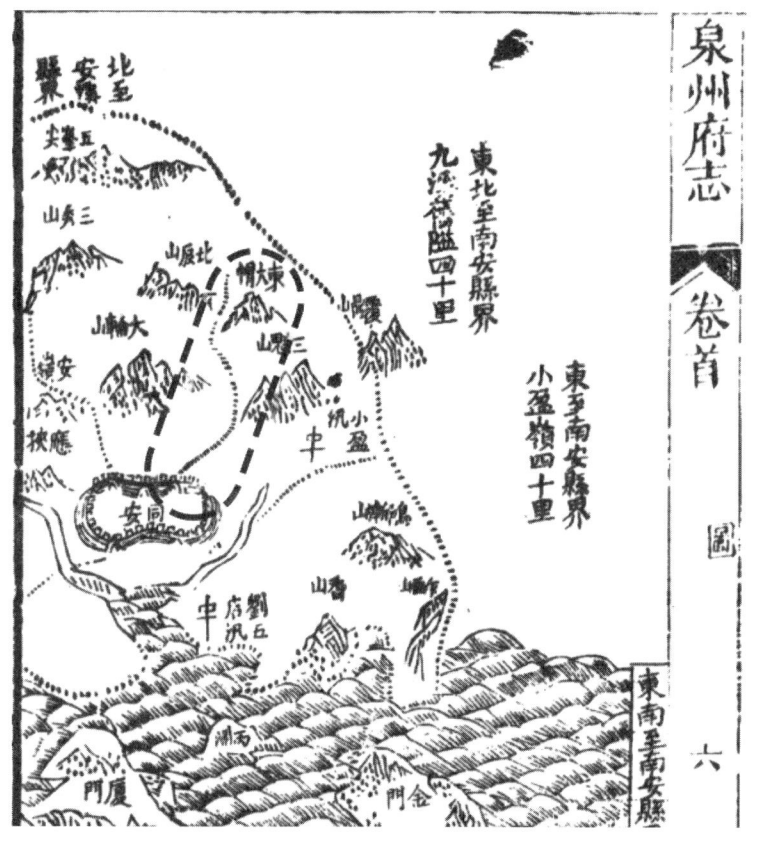

清乾隆《泉州府志》西汉古道位置示意图

| 翔安古道

史书记载的这条古道起点罗田，位于今天厦门翔安区新圩镇古宅村境内的山根岭，亦即后来划给大帽山农场的罗田一带。罗田是个很小的自然村，原先居住有古宅村黄氏后裔，现已整体搬迁；其位置就在厦门古宅村与泉州九溪村的交界处。豪岭，乃现在的同安区禾山一带。

康熙版《大同志》"罗田—豪岭古道"示意图

在康熙版的《大同志》上，可以清晰地看到"厦门第一古道"的标识。起点"山根岭"，就是古宅村境内的山地。

《同安县志·卷九·交通》第一章第一节还明确载明——

> 罗田至豪岭古道：同安县北通泉州，南达漳州的第一条古道。传说系闽越王进兵南粤沿民间小道开辟而

成。全长 65 里，宽约 5 尺，鹅卵石面，其中从古宅十八弯经后垄、行宫、五显抵达城关这段古道，自唐宋以来一直是向泉州港输送货物的重要通道，也是读书人上京求取功名行走的捷径。

《厦门市志·卷六·交通》第二章第一节也有类似记载——

"漳泉古道同安段"起自南安的罗田，经十八弯、古宅、后埔、行宫至同安城关，再经乌涂、新塘埔、南山岭（烽火台）、苎溪（原巡检司）、安民、鱼孚、深青、仙店铺入漳州。全长 110 里，宽 5 尺左右，鹅卵石路面，其中部分线路曾是官道。

在很长一段时期，同安区域隶属南安县，直到唐贞元十九年（803），析南安县西南四乡置大同场，五代后唐长兴四年（933）升为同安县。因此，《厦门市志·卷六·交通》将罗田记为南安，实际上罗田早已归属同安，现划入翔安区，系古宅黄氏分支。1958 年罗田村落及部分农田划给大帽山农场，但周边山地至今仍属翔安古宅。

闽越王开辟的"厦门第一道"，全长数十里，至今已有 2000 多年，大部分早已湮灭于历史尘埃中。唯独起点古宅，地处偏僻，又在山中，至今仍有遗迹。

按常理推测，闽越大军过境，从罗田下山的途径肯定不止一条。

按照古宅村民代代相传，保留至今且仍在使用的最古老下山之道主要有两条：一是辜山古道，二是古宅十八弯古道。

我们先说辜山这条。

辜山古道位于现今古宅水库大坝下的辜山南坡。古道遗迹全长约百来米，呈南北走向，顺着山谷小溪而下。最宽处数米阔，最窄处仅容两三人通过，古宅村人因此将之戏称为"摸奶巷"（意思是相向而来只能擦身而过）。沿途巨石和两侧山体有明显古老人工开凿痕迹，从石头路面的磨损程度看，已有极为久远的岁月。

古宅辜山古道遗址（黄坚定 摄）

据古宅村民代代相传，在1956年古宅水库建成前，这里一直是古宅村前往山根岭的小路，也是同安通往南安的古道。因为水库建设需要，后来修建了罗田—古宅的公路，这条路逐渐荒废。古道西侧供奉有"猎王宫"。

据了解，古宅大路人供奉的"猎王公"原来没有正规庙宇，只在古道旁，由三块天然石头堆成猎王神龛。到了清代，有一个

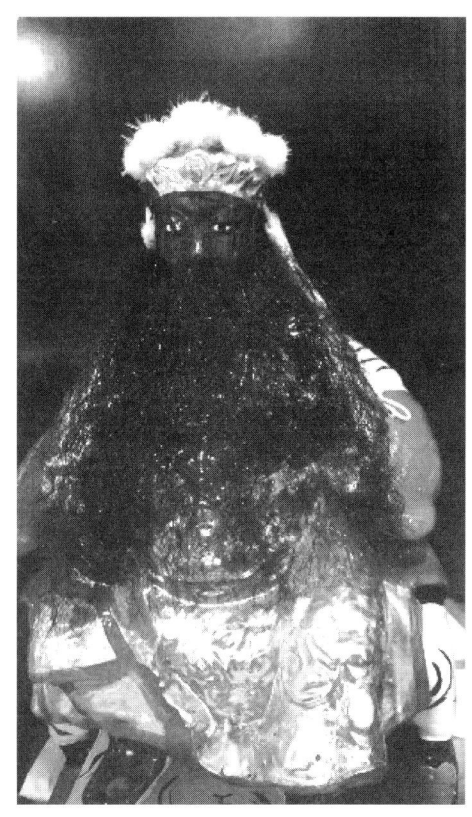

古宅辜山古道的猎王神像
（黄进德　摄）

专职打虎的外来张姓猎户，将猎神引荐给大路村黄氏族人，于是建了庙，所以又称之为"张府猎王"，并在每年农历十月十六隆重祭祀，演戏酬神。"文革"期间，庙被毁，神像被古宅大路村民黄自然冒险偷偷藏起来。改革开放后，再度恢复庙宇，延续猎王信俗。

所谓"猎王"，顾名思义，自然和古老的狩猎活动有关，这在现当代汉民族信俗中极为少见。同安莲䓕村也有一座"猎王宫"。据彭维斌、洪文章《从猎王神崇拜看华南社会的土著文化因素——同安莲䓕村的个案分析》一文中所说："猎王神是百越后裔畲族崇拜的自然神灵，它与畲族的狩猎经济密切相关……它应与史前的闽越民族、秦汉以来的山越，以及隋唐以来的畲族有着紧密的渊源关系。"

种种迹象表明，猎王庙旁的辜山古道，很可能就是两千多年前闽越王开辟的原始兵道遗址。包括"猎王"信仰，包括"大路"这个地名，都和古道有着紧密的历史关联。

古宅村口的"厦门第一道"历史文化景墙（黄坚定　摄）

在古代从罗田—古宅这一段为下山小道，为便于大军过境，应该是兵分数路，辜山古道和十八弯古道应为其中两条；辜山古道或称为"大路"，后来用于村名保留至今。

1949年4月，我军百万雄师渡过长江、占领南京之后，继续一路南下，以摧枯拉朽之势横扫国民党残余势力。9月17日，中国人民解放军第31军93师277团、278团、279团，在第91师第271团配合下，由南安出奇兵经罗田自古宅进入，兵分辜山古道和十八弯古道两路而下。9月19日，解放马巷、同安；23日，解放集美；10月17日，解放厦门……

当时，古宅村民们冒着巨大风险，倾其所有慰劳过境官兵，协助照料重病伤员。由于山高路远，大多数部队官兵早已劳累过度。279团三营一位重伤员长眠于辜山古道的辜呆崎。还有一位279团一营的山东籍战士，为保护好战马和迫击炮，不幸坠落十八弯古道悬崖，经村民送回村中抢救无效，壮烈牺牲，长眠于厦门这片最为古老的土地。

在公元前 135 年的西汉，不仅没有同安、厦门，也没有南安、泉州，这里隶属于闽越国闽中郡治县。根据《史记·卷一百一十四·东越列传第五十四》《汉书·卷九十五·西南夷两粤朝鲜传第六》等记载，开辟"厦门史上第一古道"的郢，姓驺氏，闽越王无诸之后，是西汉时期闽越国国君。就在这一年，闽越王郢的军队跨过绵绵群山，穿越古宅大峡谷，开辟了通往南粤的兵道。南越王赵眜向汉廷告急。汉武帝任命王恢和韩安国为将军，率兵分别从豫章（今江西南昌）、会稽（今江苏苏州）出发，讨伐闽越。郢分兵在仙霞岭（闽浙交界）一带拒守。遗憾的是，在汉军压境的形势下，郢的弟弟余善乘机发动政变，鼓动闽越权贵们杀掉了郢，取而代之为王。

闽越王郢取道古宅开疆南粤的壮志虽然落空了，但他所开辟的这条"厦门第一道路"，后来一直是古代同安的重要交通线。厦门史上第一个村落，亦即"金柄黄氏"也在不远处开枝散叶，古宅村即为金柄黄氏分支。之后，这条古道拓展到漳州，交通东西溪和苎溪。串起古同安两大文明流域的互通互联，助力古同安今厦门绵延发展。

翔安古宅古道，隐藏着厦门最原始的基因，承载着厦门最古老的文明，见证着厦门最悠久的历史……

| 翔安古道

古宅古道与历史上多场战争有关

在两千多年前的西汉，闽越大军要过境古宅，扑向南粤，下山的途径肯定不止一条。按照占宅村民代代相传，保留至今且仍在使用的最古老下山之道主要有两条：一是辜山古道，二是古宅十八弯古道。1949年解放同安、厦门的大军，也是从这两条古道进兵的。

因为古宅十八弯在宋代铺上了石头，且在现代列入文保单位而闻名遐迩。

古宅十八弯是厦门境内现存的最古老道路，系研究古代交通、经济和文教的珍贵实物史料，1984年7月被同安县列入第二批县级文物保护单

古宅十八弯古道（黄坚定 摄）

位；2011年4月被翔安区列为第一批区级文物保护单位。我们现在看到的古宅十八弯，为宋代重新修整拓宽。现存古道长约600米，宽0.8～2米，以不规则块石、卵石铺砌成坡状，逢陡坡处皆加砌石台阶。古道沿山势蜿蜒盘曲而上，直达山巅云中雁，因途中共有18个弯，故名"十八弯"。

那么，十八弯乃至厦门史上第一道通向哪里？在当地起到什么作用？在其身上，又有哪些历史传奇故事呢？

根据现有史料考证，西汉闽越王郢开辟的这条兵道，起点罗田，亦即现今翔安古宅村属地山根岭；终点在豪岭，就是现在天马山西麓禾山村一带。至于更加具体的路线，看似年代久远无从考究，实际上还是有迹可循的。

清初同安县境图

在康熙版《大同志》刊刻地图可以看到，一条起自古宅村山根岭的古道，沿着东溪，直通县城，奔赴漳州，远向广东。

这就是《同安县志·卷九·交通》第一章第一节记载的"漳泉古道同安段"了，亦即《同安县志》记载的罗田至豪岭古道。

从现存最早的同安古地图，即上述康熙版《大同志》县境图可以看出，建于西汉、起于古宅的这条古道在厦门东北；建于宋代、起于小盈岭的古道在厦门东南，它们各自往西，在古同安县城南门外铜鱼馆处汇合，然后并成一线，直通漳州。

确实是部分为官道，也就是驿道。

从康熙版的同安县境图可见，古宅十八弯延伸到县城的古道，全线都沿着同安母亲河东溪，直通西溪，又通过陆路连接苎溪。沿溪而走，不仅可为人马提供饮用水源，而且可以接驳溪船运输、直通大海。

东西溪、苎溪是今天的厦门两大河流，也是古代厦门两大文明流域，对厦门而言，就如中国的黄河与长江一样重要。由西汉闽越王开辟、历代劳动人民不断开拓的这条古道，打通了古代厦门两大文明流域的往来之路，对当地政治、军事、经济和文化的发展起到极大推动作用，而且影响长达两千多年，直到现在。

古时候这一带的居民到泉州也走这条古道，经古宅翻山越岭进入南安，延续到20世纪70年代，直到车辆取代了步行，方才舍弃古道，改由324国道进入泉州。

而在今天翔安新圩、大帽山与南安官桥、东田几个地方，来往的人们依然不愿意舍近求远，宁可驾车沿古道走小路，甚至采用原始的步行方式，选择从辇山或十八弯古道穿梭于泉厦之间。

翔安古宅古道，与数次历史事件有着直接或间接的关联。

其一是汉武帝与闽越王的战争。

根据《史记·卷一百一十四·东越列传第五十四》《汉书·卷九十五·西南夷两粤朝鲜传第六》等记载，西汉建元六年（前135），闽越王郢的军队跨过绵绵群山，开辟兵道，准备进攻南越（今广东南部）。南越王赵眜向汉廷告急。汉武帝任命王恢和韩安国为将军，率兵分别从豫章（今江西南昌）、会稽（今江苏苏州）出发，讨伐闽越。郢分兵在仙霞岭（闽浙交界）一带踞守。遗憾的是，在汉军压境的形势下，郢的弟弟余善乘机发动政变，鼓动闽越权贵们杀掉了郢，取而代之为王。

汉元鼎六年（前111），余善公开反汉，汉武帝起四路兵马征讨闽越国与东越王余善。

在汉军的围攻下，闽越国发生内讧，余善被杀，闽越国向汉军投降。从此，闽越国覆灭。汉武帝以"闽越地势险要，越人彪悍多反复"为由，下令"悉徙其众于江淮之间，东越地遂虚"，造成闽地长达三百年的历史空当。大批闽越宗族和军队被迫迁往长江淮河一带（今河南南部、江苏、安徽中部等地区），其他闽越人有些逃入山中，即后世的"山越"，有些则出海逃到附近岛屿，成为后世的"岛夷"或"疍民"，即后世俗称的"山畲水疍"。

其二是大宋与蒙古之战。

在古宅十八弯山巅，原先立有南宋景定元年（1260）记事石碑刻，1993年被小偷窃走，警方追回后转由同安博物馆收藏至今。

碑刻大小一尺见方，应是山中随地取材，不甚规则，天然质朴。阴刻行书 8 行 40 个字；粗略记载了重修古宅十八弯的人物、时间和用意。

> 郑公祥化忌经井自舍又僧妙谦十千足计钱乙伯贯足铺修此路计八百余丈以济往来景定元年记。

2020 年 12 月，厦门文史学者林鸿东关注到这块碑文有许多未解之处，在其微信号"鹭客社"发起破解宋碑之谜的邀约。一时间，这块碑文引起了当地史学界兴趣。在林鸿东《破解厦门"古宅"宋碑之谜：复旦博士生导师来助力》一文中，援引了刘永华教授的观点，指出碑文与古代星相学有关。综合林鸿东、刘永华等专家观点，我以为碑文应断句如下：

> 郑公祥，化忌经井，自舍；又僧妙谦十千足，计钱乙伯贯。足铺修此路，计八百余丈。以济往来。景定元年记。

主要捐资者姓"郑"名"祥"，"公"乃对郑祥的尊称。"化忌经井"乃占星术名词。

"化忌"是星相学术中星宿的名字，为化禄、化权、化科、化忌"四化"之一。传统星相学者认为："化忌"是紫微斗数四化星之一，代表人生波折，欠债，但如遇吉也可以消减其波折。

"经井"应为经历井宿，遇难成祥。"经"应理解为经历、达到；"井"即井宿，二十八宿之一，为南方"朱雀"七宿之首，有八星，是古代中国神话和天文学结合的产物。此星明亮，代表国富民安，天下太平；如色变则表示动荡不安。

"自舍"就比较好理解了，意思是自己布施、捐献。

翻译成现代文，大致意思是说：有一个叫作郑祥的人，通过占星术遇难成祥，转危为安，所以布舍了九十贯钱；又有妙谦和尚凑了十千文，共计一百贯。足够铺修此路。路长约八百丈，方便了来往的人。南宋景定元年，也就是1260年，在这块石头刻下文字记载这件事。

以日常饮食货价粗略折算，南宋一百贯相当于现在的三万元左右。这个"妙谦"应为古宅十八弯附近甘露寺僧人，至于郑祥这个人，就不知道来自何方了。宋代的一丈，相当于现在3米多，八百余丈，要不是虚指的话，那说明当时的长度有两千多米，或是从古宅村解元巷算起。目前古宅解元巷的石头路，用材和做工与十八弯无异。

翻开历史，景定元年（1260）可不是一个平常年。这一年，忽必烈即汗位。因为蒙军忙于政权交替，让眼看就要亡国的南宋稍微松了一口气。

在这之前的1256年夏天，蒙古以南宋扣押他们的使者为由，蒙哥大汗正式宣布了攻击南宋的意向。1258年农历七月，蒙哥率大军攻入四川北部，一路所向披靡，攻克四川北部大部分地区；1258年11月29日，根据蒙哥的旨意，忽必烈在开平东北行祭旗礼，正式出兵启行南下攻宋，1259年8月2日，率军抵达河南汝南，继续向南宋进发；1259年9月3日，忽必烈统领中路军渡过淮河，攻入南宋境内，随后一路向南，在湖北开辟新的战场，进攻长江中游的鄂州。

南宋告急，危在旦夕！

就在这个紧要关头，1259年9月19日，忽必烈接到使者带来消息称：大汗蒙哥8月11日已在四川钓鱼山病逝，请忽必烈北归继承汗位。11月17日，儒臣郝经上《班师议》，陈述必须立即退兵的理由，坚定了忽必烈退兵北返的决心。

1260年5月5日，忽必烈登基成为蒙古国皇帝。其后数年，忽必烈仍然无暇南顾。直到1276年2月4日，蒙古军才攻入临安，吞并大宋。

据此推测，碑文所述郑祥占星或与宋蒙战事有关，景定元年（1260）恰好是蒙古退军、南宋解围之年。捐修古宅十八弯可能是郑祥占星如愿以偿，为了庆幸家国暂时无恙而为。

其三是解放战争。

1949年4月，我军百万雄师渡过长江、占领南京之后，继续一路南下，以摧枯拉朽之势横扫国民党残余势力；9月17日，中国人民解放军第31军93师277团、278团、279团，在第91师第271团配合下，从泉州南安出发，沿着两千年前的兵道悄悄进入古宅，拟出奇兵解放同安。

当年解放军下山的途径，与我推测的汉代行军路线一致，兵分两路，即从古宅村辜山古道和十八弯古道分别下山。

19日，解放马巷、同安；23日，解放集美，控制了厦门外围大陆沿海的阵地，对金门、厦门两岛形成三面包围态势；10月17日解放厦门。

途径古宅时，村民们冒着巨大风险，倾其所有慰劳过境官兵，协助照料重病伤员。由于山高路远，日夜奔袭，多数部队官兵早已劳累过度。279团三营一位重伤员长眠于辜山古道的辜呆崎；279团一营的一名山东籍战士，为保护好战马和迫击炮，不幸坠落十八弯古道悬崖，经村民送回村中抢救无效，壮烈牺牲。因为同安战事趋紧，解放军顾不上料理后事。村里黄查某、黄加自、黄大猪等义士自告奋勇，受托为279团一营山东籍烈士就近在十八弯附近薄葬。2018年，又将被古宅水库淹没的辜呆崎279团三营烈士忠骨迁葬于此，让两位战友合聚一处。

其后七十多年来，古宅村民们一直默默守护着忠魂。每逢清明，总有自发而来的村民为其祭奠一番。1969年以来，古宅小学将其作为红色教育基地，每年都要组织全体师生敬献花圈，缅怀烈士功绩，继承先辈遗志！

附："古宅十八弯"通向何方

萧春雷

"古宅十八弯"古道闻名遐迩，但它到底通往哪里？经过哪些地方？很少人提及。

南安市官桥镇九溪村院口自然村，是"古宅十八弯"古道的终点，村内有不少精美老宅，可见曾经相当繁华。

| 翔安古道

第一次去翔安古宅村，我是从南安市方向过来的。在地图上，我发现南安官桥镇九溪村有条小路，可通厦门的罗田、古宅村驾车前往。交界处的罗田是个小村子，地势平坦，村民已经迁空，唯留一条寂寞的沙土公路。

大帽山农场罗田村（萧春雷　摄）

山脚下的古宅却是人烟稠密的大村，位于新圩平原北端，以特产"古宅大蒜"闻名遐迩。

无意之中，我穿过了厦门最古老的一条道路。《厦门市志·大事记》："建元六年（前135）闽越王郢进兵南粤，开辟同安境内罗田至豪岭的古道65里。"豪岭，据说就在今同安城郊的禾山村。那时没有同安县，福建还是闽越族的天下。

坦率地说，我觉得这条记载颇为可疑，查找闽越国的史料，没有相关记载。新编《同安县志·交通》则说："罗田至豪岭古道：同安县北通泉州，南达漳州的第一条古道。传说系闽越王进兵南粤沿民间小道开辟而成。全长65里，宽约5尺，鹅卵石面，其中从古宅十八弯经后垵、行宫、五显抵达城关这段古道，自唐宋以来一直是向泉州港输送货物的重要通道，也是读书人上京求取功名行走的捷径。"

"罗田—豪岭"古道与"古宅十八弯"古道走向不同。

这里提到的古宅十八弯遗址，如今还在。古宅村后，有条约一米宽的山道，乱石砌成石阶，盘旋而上虎山，直通大帽山寨仔尾村。翔安区政府立的文保碑写着：古宅十八弯为宋代北同安通往泉州古道，宋景定元年（1260）铺修，现存石路六百多米，是研究古代交通史的实物资料。

按新编《同安县志》的说法，"罗田—豪岭"古道和"古宅十八弯"似乎是同一条路。但从古宅至罗田是往北走，经过今天的古宅水库；而古宅十八弯至寨仔尾，是往东走，如果再往北拐至罗田，就绕了一个大弯，无论如何说不通。我感到十分困惑。

位于翔安与南安交界处的罗田村，是群山中的一个隘口，厦门地区最早的"罗田—豪岭"古道就经过这里。

采访古宅村时，我才明白，古宅通往南安九溪村实际上有两条路：一条是往北经罗田至九溪的上厝、乌门等自然村，绕过大帽山，更远，还要上岭下岭，建了水库后才有公路；另一条是古宅十八弯，往东横穿大帽山上的寨仔尾、后炉村前往九溪，并不经过罗田。但是后面这条路荒废已久，具体路线不清楚。

2020年8月初，那是个炎热的下午，村书记黄炳禄开着车，带我在大帽山上寻找古道的遗迹，他还请来了后炉村的村民郑水潭带路。郑水潭64岁，小时候常走这条路去南安官桥镇。我们在徐缓的山脊行走，满山都是修长的小叶桉林，半小时后来到一堆人工叠放的乌石前，看上去像闽南到处都有的小土地庙。他说："这里供的是香岭尾土地公，香火很旺的，边上原来有棵大榕树，行路人都在这里会合，歇息一阵。再过去就是南安的地界了。这里到古宅村约6千米，到九溪的院口村约4千米。全长大约10千米。"

郑水潭带领记者找到香岭尾土地庙，按他的说法，香岭尾土地庙是两条道路的会合处。一条道路经古宅十八弯、寨仔尾、后炉、香岭尾土地庙到九溪院口村；另一条道路经新圩镇、乌山村、凤路村、山后桥（大帽山农场场部）、卜廊村、香岭尾土地庙到九溪院口村。

大帽山颇为高峻，但山顶坦荡，散落着不少小村庄，后来统归大帽山农场。郑水潭说，从古宅过来，只有十八弯一个大坡，从前都有很宽的石头路，很好走，可惜现在都没了。后炉村村民从前都是去官桥镇赶圩，挑柴火去卖，后来与九溪村村民不和，才改去古宅赶圩。听老人说，古时候他们村里人路过九溪时，因械斗闹出了人命，于是大帽山上的三个小村庄——寨仔尾、后炉和上廊，同九溪村大战13年，大伤元气，他们的山林田地都卖给了古宅村人。

黄炳禄说，这几个村与古宅村关系密切，通婚很多，寨仔尾和罗田黄氏本来就是古宅分出去的，田地虽然卖了，依然租给山上人家耕作。

南安市官桥镇九溪村院口自然村，是"古宅十八弯"古道的终点，村内有不少精美老宅，可见曾经相当繁华。

山那边的南安九溪是个大村，散落在九溪上游河谷里，包括上厝、乌门、溪坂洋、东后、新田、深溪、玄大坑、新厝口、土崛内、院口、院头等11个自然村，前后相距五六千米。院口自然村位于九溪村的村尾，离罗田很远，离后炉很近。在地图上看，从同安城出发，往东经古宅、后炉、院口、官桥至泉州，基本形成一条直线。如果徒步，这应该是最便捷的一条道路了。

古宅村从前称辜厝村，以辜姓为主，是晚清著名学者辜鸿铭的祖居地。明代，附近的金炳村黄氏有人来村里教书，开始繁衍。清末辜姓已经悉数外迁，多数去了南洋，村民全为黄姓。古宅黄氏在科举场上也有不错的成就，道光二十六年（1846）黄维岳荣登福建举人榜首，高中解元。

世事变迁，曾经的交通要道古宅村和九溪村，如今都成了交通死角。解元巷里，唯有一座座红砖古厝，依稀记得往日的繁华。

"厦门第一道"起点的古老村落

古道的开辟,首先是迎来较早的一批移民。

古宅村,位于厦门东北端尽头,再往前一步,那就跨出厦门地界,登上泉州云峰般的绵绵群山了。

古宅之名,虽然乃从"辜宅"谐音而来;但一个"古"字,倒也恰如其分,这里确实是古韵十足的村落。

东溪源头的古宅水库(黄坚定 摄)

在西汉闽越王开辟的古道旁，能够追溯到的人类活动遗迹远至商周时期。2016年，有位村民在古宅溪的西岸捡到一块奇特的石头，厦门考古专家郑东看了照片后确定，这是商周石器的石锛，至今已有3000年以上历史。按照古宅出土的这个石锛大小和形状看，应为有段石锛，它可不是普通农具或生活用具，而是古代闽越人用来造船的工具。

古越人善舟楫、习水性。越王勾践曾描述越人为"以船为车，以楫为马，往若飘风，去则难从"，所以有人称百越人为"海洋民族"，称"百越文化"为"海洋文化"。闽南文化中向海而生的精神，就是中原人南迁与百越人交融碰撞而来。

汉武帝时（前111），以"闽越地势险要，越人彪悍多反复"为由，下令"悉徙其众于江淮之间，东越地遂虚"。大批的闽越宗族和军队被迫迁往江淮地区，即长江与淮河之间的区域，大致在今天河南南部，江苏、安徽淮河以南，长江下游以北一带。其他闽越人有些逃入山中，有些则出海逃到附近岛屿，成为后世的"岛夷"或"山畲水疍"……

古宅村现有居民大多姓黄，再往前还有辜姓、林姓、郭姓等，是一个五方杂居的多姓村落。

古宅黄姓族人乃金柄黄分支，系古同安两大望族"东黄西石"之一。至于古宅辜姓，也是古同安赫赫有名的家族，源自"白礁辜"（今属漳州龙海），宋元时期迁居此处，清代举族下南洋。从目前掌握的史料分析，英属马来亚槟城首任甲必丹辜礼欢、清末狂儒辜鸿铭、台湾巨商辜振甫等名人，祖籍皆为古宅。

黄辜乃至其他族群的到来，均与古宅古道有着密不可分的联系。

依据多个版本的《泉州府志》以及《紫云黄氏族谱》相互印证，古宅黄氏远祖在泉州开元寺。唐垂拱二年（686），黄守恭梦到桑树尽生莲花，便将自家桑园全部捐建寺院，初名莲花寺，因现紫云盖顶祥瑞，后改紫云寺，唐代开元年间再改为开元寺至今。在首任住持匡护禅师的建议下，失去土地的黄守恭让五子分居各地发展。四子黄肇纶最终选择在今天的翔安金柄村一带繁衍，到了明代，地盘拓展至现在的后埔、后亭、古宅、大帽山、新圩甚至更远的海内外地区。金柄、后埔、后亭、古宅等黄氏主要聚落，大抵位于"厦门第一道"起点数千米范围内。

686 年，还没同安县，也没泉州府；直到黄肇纶迁居金柄一百多年后，即 803 年，才有"大同场"的建制，至于同安县，那是黄肇纶开基金柄 200 多年后的事了。在唐初时期，黄肇纶家族要从紫云寺（今泉州开元寺）来到金柄（今厦门翔安金柄村），只有西汉开辟的古道可走，只能从今天的翔安区古宅村下山。

翻遍厦门各类典籍史册，尚未发现更早的村族拓荒记录，当然这是忽略了闽越先民建立又被汉武帝清空的"谜一般村落"。

回到西汉古道起点古宅村的辜氏一族。

2023 年 5 月 30 日，我从古宅辜厝头出发，翻过辜山，来到与古宅交界的南安东田水洋尾村，这里居住有近千口辜姓人家。有一个看守辜氏宗祠的老人家说，以前有听说古宅有辜厝、有辜氏宗亲，但不知道是否为同宗。就在我有些失望的时候，有位辜氏长者拿来了一本《泉州市南安 28 都水尾田族谱白话版》，这是翻译自进士辜志会修于明代万历癸酉年（1573）的辜氏族谱（原本珍藏在台湾）。辜志会乃进士出身，官至四川叙州府同知，所撰族谱内容应该较为可靠。

族谱上有：水洋尾辜氏一世祖叫辜遯（音 dùn，通遁）麓，和他的两个儿子从白礁迁徙，先到同安沈井，再到南安（水洋尾）。

这个迁徙路线，也是沿着古道而来的；从宋元时期形成的漳泉驿路，折向西汉就已开辟的罗田古道。

白礁辜迁徙图

在清代之前，从白礁至沈井再到水洋尾，不管是走水路还是陆路，古宅都是必经之地。从水洋尾辜氏族谱大可确定，在今天翔安沈井边上的姑（辜）井、同安的小古（辜）宅等；历史上确实有辜氏人家拓荒于此。

在这之前，古宅村出土了一块元大德九年（1305）的墓志铭，名曰《辜仅娘圹志铭》，上刻：

> 仅娘，本邑辜文兴之女，赍志早逝，今卜佳城于十八弯下，名邦坪埔。[1]

可见，至少在元代之前，古宅就有辜姓家族定居于此，时间节点也与水洋尾辜氏族谱记载相符；还有古道"十八弯"，最晚也在元代定名了。

离这块墓志铭出土位置的不远处，就是现今古宅水库大坝，名曰辜山，紧挨着辜山脚下的，便是当地人称之为"辜厝头"的地方。所谓辜厝头，指的是"辜厝村头"的意思。

由此，我们可为古时"同安县辜厝村"划一个大体的位置：北至辜山、南到辜宅，东靠虎山十八弯、西临龙涎河。相当于今天古宅村部驻地大乡自然村的范围。

这个"辜宅"，原先指辜氏祖宅，和黄氏宗祠挨在一起，至今仍在。

或许是因为辜氏外迁、辜厝湮灭，辜厝村名逐渐淡出；但辜宅犹在，叫着叫着，慢慢取而代之成为新的地名，并变为今天的

---

[1] 出自何丙仲、吴鹤立编纂的《厦门墓志铭汇》。

"古宅"。直到如今，在当地方言中，古宅之"古"还是叫成平声"辜"，而不是读成上声"古"音。

辜氏祖宅（黄坚定 摄）

乾隆四十九年（1784），辜礼欢因加入天地会被朝廷通缉，举族逃往暹罗（今泰国），后来又辗转迁居马来半岛北部吉打，成为在吉打瓜拉姆达的甲必丹（殖民地华人首领）。最终定居于槟榔屿（今马来西亚槟城），再次成为该地区第一位华人甲必丹。辜礼欢及其数代后裔，凭借掌控天地会海外主要经济实体义兴公司，成为马来半岛有名的开埠先驱和华侨领袖。他和他的后裔，对槟城、吉打一带的发展起到了重大推动作用。

辜氏退出古宅后，其他几个姓氏也相继迁走，后来，这里几乎是清一色的黄姓族人了。

凭借占据泉漳古道的便利条件以及南来北往的赶考士子和客商影响，古宅村自古崇文重商，成就斐然。虽然缺地少粮，但却素有"小官商"的美誉。

古同安六个解元之一的黄维岳，就是从古宅村考出去的。这里的先民源自中原内陆，但不会向往"老婆孩子热炕头"的幸福生活。一代传过一代的教育理念是"出外才有出头天"。

明清时期，这里的先民和辜礼欢一样，纷纷跨洋过海，过番谋生。民国初期，黄希鳖、黄玉带、黄福华等一大批古宅俊贤在新加坡、越南等地筚路蓝缕，发展为当地翘楚。全盛时期，仅在新加坡的古宅村华侨就占据了整整一条街……

千年古道遗风浸润下的古宅人，心中楷模是敢闯敢拼、不怕凶险、勤劳致富的华侨；心里念想是读书、经商、进城、出洋，拼一份家业站稳脚跟。

直到今天，依然如此。

2018 年 11 月，中国外交部主管的《世界知识画报》在当期《槟城镜缘》报道：（英国东印度公司船长）莱特曾在报告中记录，1790 年吉打的华人甲必丹辜礼欢带领整船整船的华人来槟城定居。繁荣的港口贸易，为源源不断的移民提供了大量工作机会。很快在码头附近，华人沿着岸边建起水上高脚屋，根据宗族姓氏分为不同区域，逐渐发展成槟城最早的华人社区，被称作姓氏桥。辜礼欢后来被任命为槟城首位华人甲必丹。

附：英属马来亚"甲必丹"辜礼欢传略

辜礼欢（1761—1826），福建省同安县辜厝人（今厦门市翔安区新圩镇古宅村），清末秘密组织洪门（天地会）会员，系清代拓荒马来西亚吉打、槟城等城市的开埠先驱，英属马来亚华人头领"甲必丹"，清末怪杰辜鸿铭之曾祖父。

清乾隆二十六年（1761），辜礼欢出生于福建省泉州府同安县辜厝村，也就是现在厦门市翔安区新圩镇古（辜）宅村。在福建时，辜礼欢就加入秘密组织洪门（天地会），后被朝廷通缉追捕。乾隆四十九年（1784），辜礼欢将田园老宅变卖给黄家，逃往暹罗（今泰国），接着又转移到马来半岛北部吉打，最终定居于槟榔屿（今马来西亚槟城）。

1786年，英国东印度公司派遣船只驶入这片海峡。这是莱特船长第一次登上槟岛，他发现这块土地上人烟稀少，据说当时岛上土著居民只有55人，外加三位远道而来的华人，其中一位就是辜礼欢。

东印度公司全称"可敬的东印度公司"，1600年12月31日，英国女王伊丽莎白一世授予该公司皇家特许状，给予它在印度贸易的特权。随着时间的变迁，东印度公司还获得了协助统治和军事职能，从一个商业贸易企业变成印度的实际主宰者，其权力几与国家等同。

聪明的辜礼欢抓住了这一重要的历史发展机遇，在莱特登陆之后，他带了两位印度基督教徒和一张渔网，从吉打州一个叫瓜拉慕达的小乡镇赶到槟榔屿来，把那张渔网献给英国人莱特，意在解决英国人与土著的沟通交流以及自身的生活问题。此举果然奏效，莱特把辜礼欢当成最可敬的华人。

1786年8月11日，英国正式占领槟榔屿。莱特船长代表东印度公司宣布管理槟岛，并从其他地方引进劳力来开发槟岛。1787年5月7日，莱特委任辜礼欢为首任甲必丹，管理当时的一两百名华人。经过数年开发，槟岛一度发展为拥有一万多人口、扼守马六甲海峡的重要岛屿。辉煌的时候，连临近的新加坡、马来西亚的管辖权都归属到了槟岛上。由此推断，辜礼欢同时还是英属马来亚的首任华人首领。

此后，辜礼欢以经商及种植起家。1805年，槟岛设立市政府，委任辜礼欢为市议员。他不仅是吉打州第一位华人甲必丹，同时也是英国政府管辖下的槟榔屿第一位华人代表。1806年，辜礼欢又承包雅各市的酒税，1810年又标得乔治市的酒税饷码，遂成大富。

辜礼欢在当时是吉打州华裔社会最受人尊敬的头号人物，大家都称呼他为"甲必丹仄万"，不管是英国王室或是吉打、暹罗王室，都与辜礼欢有着十分亲密的关系。辜氏一族，对早期吉打、槟榔屿乃至整个马来西亚的开发建设，具有不可磨灭的功勋。

辜礼欢于1826年去世，享年65岁，葬在峇都兰章的辜氏墓地。辜礼欢有两位妻子，在吉打的妻子颜梅娘生有3子1女，在槟城的妻子苏忆娘生有6子2女。辜紫云即辜鸿铭之父，辜龙池是辜鸿铭的祖父，辜礼欢则是辜鸿铭的曾祖父。台湾辜振甫家族也系辜礼欢后裔，乃其子辜安平移居台湾后繁衍。

明代金柄"布衣古道"

金柄村"樵夫古道"
（黄连治 摄）

说到北同安通往泉州的古道，不管是有文字记载的史料，还是口口相传的路径，多数人指向的当然是古宅十八弯了。距离古宅数公里外的金柄村被挖掘出一条明代"布衣古道"，不仅在2014年全线修缮一新，而且被列入市级涉台文物保护单位。

位于翔安新圩镇的金柄是厦门辖区内历史最久的村庄，拓荒于唐代垂拱二年（686），至今已有1300多年历史。

据金柄村老人介绍说，当代人到泉州南部东田、官桥等地，若是步行或骑脚踏车，基本上都从古宅走；如果去水头,则走小盈岭。听说更早时,去泉州除了从古宅走罗田古道之外,还有另外两条上山捷径,都通往大帽山。一条就是布衣古道;另外一条陡峭狭小,只有上山砍柴或到茶园干活才走,姑且称之为"樵夫古道",后因茶园已废,也没有人烧柴火了,所以逐渐被湮没。

布衣古道上的玄武庙(黄坚定 摄)

至于布衣古道,因为连着玄武庙,长期有香客行走,所以被保留至今。在机动车尚未普及的年代,金柄人到大帽山,如经路坂尾走大路,自行车也只能推着走,所以有些人依然选择步行走这些小路。

曾几何时,这里浸润着挑夫走卒的足迹与血汗。在很长的一

明代金柄"布衣古道"

布衣古道（黄连治 摄）

段历史时期，先民们挑着俗称"南安担"的货物翻山越岭，徒步百里，远至官桥、安海等地，直通泉州。

所谓"布衣古道"，形成年代无从查考。过去当地人称其为"石帮"，"布衣"之名应为今人所云，源自明代金柄著名理学家黄文炤。

在接近玄武庙的半山腰上，有一泓涓涓细流，又有大石为坝，故名石帮；因为地处险峻峡口，高低落差很大，遇上暴雨倾泻而下，极易形成山洪毁坏村庄。

明万历十九年（1591），返乡定居的名士黄文炤组织村民修坝，并勒石记之。石刻高 1.12 米，宽 0.6 米，题曰"石帮记"。上有"石帮洪瀑，雨必成灾，殒吾良陌，且伤观瞻"等字眼，落款为"季韬谨撰"。这个季韬，就是黄文炤了。

黄文炤（1556—1651），字懋显、又字季韬，号毓源，祖籍金柄，出生于晋江安平里外祖父曾仲魁家；因终生未仕，时人称为"黄布衣"；又因出身名门有理学成就，且其兄黄文炳为明代进士，官至三品，故在明末清初备受敬仰，显赫一时。

这也是布衣古道得名的由来。

在厦门民间，自古就有"未有厦门，先有同安；未有同安，先有金柄"的俚语相传。唐垂拱二年（686），泉州黄守恭捐地建造开元寺后，让五个儿子分布到今天的南安、惠安、安溪、翔安、诏安发展，金柄村就是四子黄肇纶的落脚之地。

按照黄氏族谱记载，金柄一世祖黄肇纶育有七子八女，到了唐至德二年（757），已发展成人丁兴旺的大家庭。就在这一年，黄肇纶的第五个儿子文彦考中辛丑科进士，若真有其事，那便是古同安史上中举第一人。据族谱记载，公元787年，也就是黄肇纶开发金柄100年后，其子孙就有24位进士。遗憾的是，厦门乃至福建地方史志对宋代之前的历史鲜有记载，有关黄氏一族在唐代的具体史迹难以查证。

虽然族谱记载或有夸大其词的嫌疑，但金柄黄氏一族的科举成就绝非空穴来风。康熙版和民国版《同安县志》均有"东黄西石，并为甲族"的记载，指的是唐代率先开发厦门（古同安）的两大科举望族。东黄，即今天翔安金柄黄氏；西石，指今天集美苎溪石氏，后迁高浦，明代后四散分居。

到了宋朝同安设置县治后，黄肇纶十六世孙黄济、黄万顷先后进士及第。直至明清，金柄黄及其分支中举者不胜枚举，其中黄文炳最为突出，且史书记载最为详尽。

黄文炳（1548—1606），字懋新，明万历癸酉（1573）为举人，丁丑（1577）为进士，历任浙江东阳、广西平乐知县，南户部榷淮安闸关，陕西参政等职，一生清正廉明，政声斐然。三品大员黄文炳堪称明代浊世中的一股清流，是翔安金柄村的骄傲。

黄文炤是金柄罕见的返乡大贤，他虽未当官，但出身名门，其父黄怀为泉州府庠生，其兄黄文炳是进士。他14岁娶临江太守陈选之女，此后赁居于泉州城西铁炉铺五塔巷，24岁中秀才。

黄文炤学富五车，游历颇丰，崇祯六年（1633）开讲堂于泉州笋江"在兹堂"，集徒讲授理学，后迁至一峰书院。3年后，经东林党前辈黄道周和曾樱的倡导，正式成立"笋堤社"，集徒邀友，讲经论史，成为泉郡著名的民办书院。

闽南俗话说：有状元学生，无状元先生。

黄文炤虽然只是秀才，但他参与创办的"笋堤社"之教育成果显著，自崇祯九年至十六年（1636—1643），社中学生连中两解元、十进士。

金柄黄氏宗祠内的"天恩存问"（黄坚定　摄）

南明弘光元年（1645），唐王朱聿键于福州建隆武政权，在吏部尚书张肯堂推荐下，御赐黄文炤"天恩存问"金匾，并命地方官月送肉米布帛。当年十月，黄文炤应召入京（福州），朝廷本要封官留用，黄文炤力辞不就。朝廷念其年老"姑准回家"，令地方官发银 300 两为刻书之费，刻完进览。圣旨备尽褒美之词，称他为"有用之真儒也"。

黄文炤活到 96 岁，一生著作颇丰，有《道南一脉》《仁诠》《理学经纬》《太极图说》理学名著，也有《南台志》《九日山志》等文史，还有《琴庄》《随笔》《问答约言》等散文集，可惜大多已散失。

斗转星移，日月交替。

黄文炤虽已作古三百多年，但金柄人没有忘却，一直尊其为"布衣祖"而怀念至今。他在家乡的美誉度和影响度，甚至超越了官居三品大员的其兄黄文炳，还有他的先辈，官居宋代琼州（今海南）知府的黄万顷等人。

金柄村废弃的上山古道
（黄坚定　摄）

让其留名的，虽然只是名不见经传的乡间小道，但其承载的不仅仅只是历史的脚印，而且是绵绵不绝的乡里亲情，更是生生不息的家国情怀。

探秘古代暗道
——新圩窟和诗坂巷

路有大路小路，道有明道暗道。

今天让我们继续走进新圩，探访翔安史上神秘而又著名的"新圩窟"和"诗坂巷"。

1965 年推出的《地道战》，是中国早期创作电影的经典之作，可谓家喻户晓，妇孺皆知。1942 年的冀中平原上，为了抗日，根据地人民利用原有地窖，展开了群众性挖地道的高潮。各村民兵利用谜一般的地道围困敌人，打死民兵败类汤丙会，活捉日寇山田，胜利的钟声响遍冀中平原……

这样的战斗场景，曾经发生在翔安新圩，当地群众利用奇特的"新圩窟、诗坂巷"地貌，与土匪、伪军和反动国民党兵等巧妙周旋，堪称传奇般的"厦门版地道战"。

我的老家在新圩，自小熟知"新圩窟，诗坂巷"的传说。所谓窿，意思是坑道，应为早期地窖扩建而成。在 20 世纪 80 年代，我曾亲身探访过一个新圩窿。这个窿位于新圩老巷，就在朋友家祖传的店铺里面。窿身不大，七八平方米；窿壁有两个小洞，仅容一人弯腰通过。可惜，走不到三米就被堵住了。朋友说，他们祖上数代经商，挖窿是为了储藏货物，也是为了防匪。听老人家说，过去老街上几乎家家挖地窖，且有地道连接，绵延数百米，直通外面。如遇悍匪登门，紧急情况下可以逃命避险。民国时期曾经有几个连的士兵躲进窿中，片刻之间就隐藏得无影无踪，可想而知，窿里空间不小。

新圩窿主要分布范围在公安巷，这个"公安"之名出自新圩的老地名"同安县公安乡"。

所谓"新圩"，名字新，地方可不新。离镇中心北边不远处的钟山，经考古发现，早在新石器时期就有人类居住。明代时期，这里开始设立圩市，是安溪、南安和同安三地易货集散地。因晚于毗邻的马巷老圩，故名新圩。

那么这个圩市原址在哪儿，规模又有多大呢？这可以从现存老地名中画出大致范围，那就是现有顶市、下市、乌市等一片，可见规模还是不小的。鼎盛时期，这里商铺林立，货品满街，是古代厦门最为繁华的乡村集市之一。

新圩小平原数面环山，在历史上，尤其是清末民初，周边北辰山、大帽山乃至白云飞等处土匪众多，经常下山打劫。新圩街巷的商家，无疑就是土匪的首选目标。

民间曾有传说，明代大帽山上还有倭寇横行，新圩商家就是靠窟躲避。闽南有句俗语"恶得像倭",用以形容某人很凶。由于倭寇凶残无比,在明清时期一听到"倭寇来了",小孩啼哭立止,令人畏惧。因此,许多土匪海盗常会假托为倭,蹭其威名抢掠,形成庞大的假倭匪群。

《翔安红色记忆连环画》关于新圩窟抗敌的场景
(翔安区图书馆　供图)

至于新圩窟的形成,还有一种解释是,这里的红土层含较多钙质,易溶于水,导致土壤塌陷,形成地下洞。关于新圩窟,不管早期是刻意为之,还是无意形成,最后应该是有意发展的,因为它确实是躲避战乱、对抗盗匪的法宝。

诗坂巷位于现今新圩镇诗坂村,离镇中心很近,也是因为地形复杂扑朔迷离而闻名。

家母是诗坂人,我小时候常在外公家玩。尽管走了无数遍,很熟悉了,但还是有多次在巷里迷路的经历。

诗坂巷藏身于村庄最里层,由数百栋清代至民国时期的红砖民居汇聚而成。

从空中鸟瞰,厝与厝犬牙交错,朝向不一,全然无序,形成迷宫一般的巷道。

来自翔安区文化馆的一篇推文说:

> 旧社会新圩土匪多,加上当地蔡、黄、陈三大姓互相械斗,诗坂村民就有意识地把房子的坐向搞得很复杂。门口互通,小巷交叉,路径突然被一座房子塞死,外人不熟悉路径就会误入死巷,便于村民自卫。

这话似乎只说对了一半。

盗匪确实为当地大患,直到新中国成立初期还很严重。我的外祖父是在20世纪80年代去世的,就因为用了一副好棺木,舅父兄弟还得轮流到白云飞墓葬处值守多日,约莫到了尸身腐化时才放心,就怕棺材被盗贼挖走。

但诗坂迷宫巷道的形成,一开始并非有意为之。

首先,当地人建房的朝向一般是遵循宗祠定例,兼顾老皇历的趋吉避凶方位要求。如果当年不适合按照祖厝的朝向建,能等则等,急着建的就只能按照皇历要求来了。

其次,诗坂巷的古厝核心区原先有一条溪,叫作诗坂坑,沿线还有涓涓细流汇入坑里。据1935年出生的母亲回忆,在民国后期有人在诗坂坑抓到了一只大龟，龟甲有米筛那么大，小顽童坐在其上，乌龟还能轻松地满地爬。有这么大的龟存在，可见古时候的诗坂坑水应该是既阔且深的。早期的房子，大多逐水而居，沿着蜿蜒曲折的溪岸、圳沟而建，然后一圈圈拓展到村外，因此变成迷宫般的巷道，大有"一夫当关，万夫莫开"之势，进来容易，不易出去。

这种看似无序的建造之法，其实是古代中国人讲究天人合一的理念：

随山就势，沿水成型，不与自然争锋。

遗憾的是，由于后代村民不断填坑造房，加上沿溪生活污染严重，溪面越来越小，水越来越少，诗坂坑最终成为臭不可闻的一潭死水，在2003年"非典"期间被彻底填为平地。

当然，我们不排除诗坂村民在尝到迷宫的好处之后，变无意为有意，按照抗击外敌的功能进行刻意建造和改造，使得诗坂巷更加神秘、更具战斗力。"诗坂巷"也因此而出了名。

自古以来，当地匪盗不敢轻易进入诗坂，即使是下乡收取苛捐杂税的官吏，也是谈巷色变。进了诗坂巷，绕来绕去很容易迷路，有时候不仅没征到税，还要说好话、花点钱，请村里人带路才能走出诗坂巷。抗战后期，国民党反动派打着抗日的幌子到处抓壮丁，有一次，九个国民党兵到诗坂强行抓丁，引起村民震怒，大家揭竿而起，拿起锄头扁担，躲在巷旮旯、墙旮旯、门旮旯里，把九个国民党兵干净利索地消灭了。

类似这样的战斗案例，在诗坂巷里不胜枚举。

曾任抗战时期新圩武工队队长的陈诚志，诗坂人大多叫他"成济（音）"。他们家的住址就在诗坂巷核心，紧挨着诗坂坑，也就是陈氏宗祠隔壁。自小在巷里打滚的陈诚志太清楚诗坂巷的妙处了，因此他和他所带的队伍把诗坂巷作为据点，在此与国民党反动派展开一次又一次的战斗，最终迎来胜利。

直到改革开放前后，陈诚志夫妇还经常住在诗坂。

正因为有着陈诚志等一帮熟悉当地小道、深谙"得胜古道"的新圩革命者引路，方使中国人民解放军在 1949 年得以从古宅古兵道悄然入境，犹如神兵天降，打了国民党军措手不及，顺利解放了同安、集美和厦门。

新圩历史上的五条古道故事

在今天台湾各地的迎神赛会上,常常可见"沈中丞悬壶问世"的旗帜。这位台湾信仰的医神沈中丞,在历史上确有其人,乃明末进士、南安人沈佺期。他是明代赫赫有名的神医,台湾中医开山鼻祖,被誉为医圣、医祖而享誉台岛。

鲜为人知的是,沈佺期是在翔安新圩学的医,乃大帽山甘露寺妙月禅师的弟子。他在中草药知识上的积累,同样源自南同古道上的绵绵群山之中……

今天的新圩镇,既是地理上距离翔安核心区最偏远的地带,也是历史上最不搭界的区域。

"翔安"两字,取自绥德乡的"翔风"和"民安",但在现今的新圩镇上,却和这两个里没有多少交集。历史上,新圩镇南片属于绥德乡同禾里;北片古宅、后亭、金柄、后埔等村,则属于永丰乡长兴里;是目前翔安区辖地当中少数不属于绥德乡的旧地。

古代行政区的划分,遵循的要素主要是山川水系的,还有更重要的当然就是道路交通线了。据《同安县志》《翔安区志》记载，截至新中国成立之前，翔安区新圩镇现今管辖范围内的古道主要有五条。

第一条是原同安县北通泉州、南达漳州的第一条古道，系西汉时期闽越王进兵南粤开辟而成。从罗田（古宅山根）至豪岭（同安禾山），全长65里（1里=500米，下同），宽约5尺，鹅卵石或夯土路面。从古宅十八弯经后亭、山头、后垄、行宫、五显抵达县城的这段古道，自唐宋以来一直是向泉州港输送货物的重要通道，也是读书人上京求取功名行走的捷径。这条古道，从同安母亲河东溪之源的古宅出发，全线沿溪而行，直至县城，与西溪交汇后再折向西部；延伸苎溪，直达漳州，通往广东南部，成为古代同安重要经济交通命脉。这条路线至今还在使用，是古宅通往同安城的小路。

古代同安县永丰乡，大抵就是东西溪流域。永丰乡下面的长兴里，清康熙五十二年区划，出东桥至安岭、坆炉、军仓各10里，金柄30里、罗田50里；民国区划，在县东10—50里。共领17保：峰寮、梨山、安岭、辜东、锡园、北头、后珑、辜宅、杜田、嘉塘、后萧、寨仔、行村、金柄、荷炉、竹坝、罗田。所谓"县东10—50里"，指的就是古宅至县城古道范围；17个保，都在古道沿线区域。

第二条是同安至大盈古道东线，自同安县城向东，经五甲、梅山、布塘、上宅、新圩、前山、村尾，越过县境的双塔，进入南安县至大盈，全长36里，土路面，宽4尺，多陡坡急弯。其中，布塘后面的区域，都在现在的新圩镇范围。该路沿用至今，即现在的同新路。因此，新圩一带在新中国成立初期（1949—1955），都在"布塘区"管辖范围内。

第三条是新圩至马巷古道，起自同安至大盈古道上的新圩，向南经路山头，直达马巷，全长 14 里，土路面，宽 4 尺，较平坦。这条路同样沿用至今，是为马新路。因有这条古道，1938 年新圩南部被划入驻点马巷的同安县第二区。

早在宋代，就有一条古宅至新圩的古道，起自古宅村，向南微偏西，经后埔、云头至新圩，全长 3.5 千米。

还有一条七里到官道店头的小道，也是宋代所修建。

以上五条古道，构成新圩古时候主要交通线，均可进入南安，到官桥、东田走古宅线；到水头、安海走村尾曾山至大盈岭，或从沈井走驿道至小盈岭，根据目的地方向挑选。一趟下来，少则半日，多则好几天。

在历史上很长一段时间，南安与同安的土货交易大多依赖着这些动线来完成。当地人称这个行当为"南安担"。吃这碗饭的，早期是南安和同安两地贫苦民众，改革开放后，同安人逐渐退出"南安担"行当，剩下勤劳肯干的南安人坚持了许多年。

直到 1990 年前后，还有不少南安人挑着药材、竹编、藤笼、草席、木材等物料下山，换回番薯藤、粮食、食盐和各种生产生活用料上山回南安。

晃晃悠悠的千年古道上，始终浸满着挑夫走卒的血汗和泪水。在这当中，不乏逃难的帝王贵胄。

新圩御宅村古厝群(黄坚定　摄)

比如新圩的御宅,尽管在当地人口中,从未正儿八经如此称呼,一直都是以"牛宅"叫之的,但在写法上,堂而皇之,就是这两个常人难以僭越的高贵名字。多个版本的《同安县志》均有收录这个民间说法:宋朝最后一位皇帝,宋末三帝之一的赵昺来过这里,并且居住了一段日子。

新圩御宅村关于赵昺故事雕像(黄坚定　摄)

赵昺是逃难的亡国之君，是在大宋已经名存实亡之际被陆秀夫、张世杰等拥立的年仅7岁的临时性小皇帝，在位只有313天，在世只有8年，于1279年和陆秀夫在广东崖山跳海而亡。

对地处偏远的山区百姓而言，这亦是莫大的荣耀了。当地村民们不仅一直铭记在心，代代相传，而且至今依然保留不少"御用遗迹"。比如"神塘""御井""御马槽"，还有被小皇帝供在桌子底下的土地神等等。

新圩御宅村传说中的神塘（黄坚定 摄）

传说一：当年幼帝至此，想吃鱼货，这里离海很远，当地百姓只好从村里池塘捞了几只上贡。小皇帝饥肠辘辘，刚吃到口就称赞这鱼"白肠白肚"，没有土腥味。从此以后，这口池里的鱼果然内脏洁白，而相隔不过五六米的另一口池塘养出的鱼就不是这样啦，村民称奇。

传说二：赵昺逃到这里后，住进村里土地庙。因为一路艰险异常，狼狈不堪，遂将怨气撒在土地公上，他怒骂"不能保佑江山社稷，留着何用"，随后把神像掀翻在桌子底下。

皇帝逃走后，村民们赶紧将土地公扶正，但也不敢拂逆圣意，只好将其供在桌子底下，直到如今还是这样，成为该村土地信仰的一大特色。

新圩御宅土地公神位（翔安文旅　供图）

新圩御宅"御井"（翔安文旅　供图）

传说三：赵昺来了，在村里挖了口御井，泉水丰沛，虽旱不绝，再多人也用不完。（实际上该井含氟量高，不宜食用，导致古时该村多数民众都长着一口黄牙，代代如此）

关于赵昺在厦门等地的足迹，可谓到处有影。2020年，还有厦门民俗专家郭坤聪为他画了一张逃亡路线图——泉州、半岭、三魁山、出米岩、宝盖峰、饮马池、御罗石、五议洞、大帽山、新圩镇、朝拜埔、三忠宫、王朝山、御尚山、龙窟御踏石、磁灶尾、白哈礁、五通、云顶岩（龙门石刻）、嵩屿、官荣石、官澳、烈屿、广东。

大多数文章写他从小盈岭进来，但我认为当时被蒙古军队紧追不舍的赵昺一行，不大可能从小盈岭官道进入同安，而极有可能选择的路线，就是上述从大盈到同安的乡间山道，从曾（山）岭下山到达御宅，经过短暂休整后，才往广东方向逃去。

和宋末小皇帝一样选择类似路线的，还有被誉为"台湾医祖"的明末进士沈佺期。

沈佺期（1609—1682），南安水头侯源（后园村）人，年少时常跟着行医的父亲，也是顺着古道，前来大帽山、妙高山等地采药。因深受甘露寺名医妙月师祖疼爱，得其悉心传授深奥的医经医理，十几岁时他就已精通岐黄之术，可以独自行医。

明崇祯十六年（1643），沈佺期高中进士，初授吏部郎中，可惜不过一年，明朝灭亡，他只能悲痛万分地返回故里。

南明隆武元年，即清顺治二年（1645），郑芝龙拥立唐王朱聿键于福州起事，召封沈佺期为都察院右副都御史，兼福建巡按使。遗憾的是，翌年八月，唐王就被清军俘杀。沈佺期再次归家闭门谢客，誓不事清，先后隐居新圩大帽山甘露寺、水头鹄岭白莲寺等地。

据2001版《厦门地名志》记载，有一段时间，沈佺期就住在同安县同禾里沈井，也就是今天新圩边上的马巷沈井村。

1661年，沈佺期追随郑成功入厦准备收台，延平郡王对他很尊重，敬称他为"老先生"，明郑将士们则因沈佺期协理军机，尊称他为"中丞大人"。

驱荷复台后的第三天，郑军因为水土不服，许多人得了痢疾。由于自小懂得民间草药验方，沈佺期便亲自上山采药，并让士兵煎服，药到而病除。"神医沈中丞"因此而成名。

之后，沈佺期行医足迹遍及台湾各地。他对患者一视同仁，尽心医治，这在一定程度上缓和了当时台岛新老居民之间的矛盾，深受郑军及高山族同胞的敬仰和爱戴。时人纷纷称他为"活神仙"。

到了晚年，沈佺期更是广招门徒，倾其所学，为祖国传统医学落地台湾打下良好基础，造福无数苍生。

因此，沈佺期被台湾尊为"医祖"而传颂至今，成为杏林佳话！

后亭与军村的古道基因

厦门史上有文字记载的第一条道路，乃西汉闽越王郢为进攻南越而开辟的兵道，从罗田（古宅山根）到豪岭（同安禾山），初建于建元六年（前135），全长65里。沿古宅溪而下，经后亭、山头、后垄、军村、五显等村后抵达同安县城，自唐宋以来，一直是同安通往南安的古道。

表面上看，经过两千多年的岁月风霜磨蚀，目前只有翔安古宅的辜山道和十八弯遗迹，但只要细细考究，古道脉络依然清晰如昨。

首先，这条道路的路线大体不变，至今还在使用，只是早已换了水泥路而已。

其次，古道沿线的一些村居地名，也隐藏着古道的基因密码。比如五显军村，其实是古时候军队屯粮之处，即兵道上的"军仓"，因闽南语"仓"与"村"同音，故讹变为军村。还有"店仔村"，也在古道溪畔，应与交通线上的店铺有关。

再比如翔安的后亭，关于名字由来，2001年版《厦门地名志》释义：

> 昔时村西同安通泉州古道旁有2座石亭，村在其后，故名后亭。

我觉得"后亭"之名，或非"村在亭后"而来，如果是这样，那应该叫作"亭后村"才是。按常理推测，应为"候亭"才对，即等候的亭子；附近金柄、后埔等村庄到同安，都必须到后亭汇合。因为"候"与"后"汉语同音，闽南语也谐音，故写作后亭。

这个村子背后有座山，山门上写作"同亭山"。顾名思义，"同亭"亦即同安县后亭。其实，它还有一个非常有意思但鲜为人知的老名：禅居山。

据民国版《同安县志·山川》记载：

> 距县东北三十里，有獬豸象运二山，昂头跛足，宛似獬豸蹲踞，西顾县治（同安城），有虎视之势，亦名虎山。象运与禅居山对峙，每有云气生二山，虽旱必雨。与南安交界。

经新老地图反复比对，虎山在古宅，象运在后埔，禅居山就在后亭了（也有人认为禅居山在古宅水库岩仔里一带）。一个小小山村，有如此雅致的美名，而且赫然记载于地方志书，当然是沾到了"厦门第一道路"的光。

"禅居"一词，原指僧人居住的地方，泛指佛教的寺院。那么后亭村的山为何古名"禅居山",这个地方是否自古与"禅"结缘呢?

为了解开心中谜团,我造访了后亭村后的山。

好在早有山路,可以驱车直登山顶。向东抬眼,后亭禅居山与古宅村和后埔村的虎山、象运山对峙,遥相呼应;往南远眺,附近村庄、田园、溪流、山峰尽收眼底,层峦叠翠,云雾缭绕,令人顿时洗尽俗世尘埃,心旷神怡。

据后亭村干部介绍,该村黄氏村民乃金柄黄氏分支,建村历史较长。早期有一部分族裔就驻扎在禅居山上,古称"二林""三林"。后亭村黄氏的祖上乃泉州开元寺紫云一脉,唐垂拱二年(686),始祖黄守恭捐出所有桑园地产,助力匡护禅师建起了开元寺。后亭黄氏一族,乃黄守恭四子肇纶后裔,也就是金柄黄的其中一个分支。因为祖上与开元寺的这段渊源,故紫云黄氏一族历代子孙大多礼敬佛教,乐捐佛寺。以此看来,古时候在禅居山上居住的后亭黄氏村民,建造禅居场所、举办佛事活动,那也是情理之中的。

另据村老相传,因为山上住民在古时候就搬迁下山了,所以原有老厝早已荡然无存。在中华人民共和国成立前,禅居山上还有"仙脚迹""仙眠床"等文化遗存,遗憾的是,在20世纪六七十年代悉数遭毁。

如今,禅居山上还住着一户人家,是二三十年前再次上山的,一家人守着一庙一寺,都是后来重新建造的。庙里主祀来自泉州的"清水祖师",还供奉着几尊佛像。

禅居山上的天然巨石
（黄坚定 摄）

在庙前的小路上，有一块天然巨石，上面刻有"靈山巨鎮"[1]字样。据说这些字是很久很久以前就有的，因为字迹被风蚀得模糊不清了，所以今人在上面多次描上金色和红色油漆。

所谓"灵山"，乃对于山的美称。在民间信俗中指有灵应的山，也就是信徒心中的圣地。对道家而言指蓬莱山，还有传说中的昆仑山曾城；对佛家来说，原指印度佛教圣地灵鹫山，后来泛指所有与佛有关的山区，比如无锡的灵山小镇等。

至于"巨镇"，既指一方的主山，又可比喻强大而可以依靠的力量。

小小一处石刻，简简单单四个字"灵山巨镇"，倒也很好地印证和阐释了"禅居山"的意蕴所在。诚如苏轼《白云居》所吟：

禅居何所有？
户牖白云分。
直待谭玄后，
相随花雨纷。

---

[1] "灵山巨镇"的繁体字。

对于"禅居"生活的向往,历来不乏其人。到了现代,更是赋予了"禅居"全新的含义,尤其是一些颇有见地的都市人,他们通过衣食住行的化繁为简,倡导古老东方文化淡泊宁静的生活方式,呼吁今人摈弃过度追求物质享受,返璞归真,回归自然,倡导清心寡欲、清寂和雅的文化理念。

这也是金代诗人刘仲尹在《西溪牡丹》一诗所云:

> 我欲禅居净馀习,
> 湖滩枕石看游鱼。

翔安古道

小盈岭官道堪称古代翔安命脉

在翔安区境内,除了拥有"厦门第一道"东北线,也占据了厦门第二条重要古道——小盈岭至南山岭古道,它还是唯一穿越厦门全境的古老驿道。

嘉庆版同安县境图中的驿道

福建多山，且开发较晚，历史上道路交通资源匮乏，素有"蜀道难，闽道更难"之说。宋代以前，福建省境内的道路，除了在闽越国时期开辟的古道之外，还有五代时期筹办的驿道了。按照楼建龙所著《福建古驿道》所载，福建在唐代已有驿馆的设置，王审知治闽期间进一步开发，到了北宋时期才逐渐发展。

同安县通达泉州、漳州的第二条古道，东段起于今天翔安区内厝镇小盈岭，西端位于现在集美区灌口镇深青村。中唐以前就已粗具规模，到了宋元时期臻于完善。据2000年版《同安县志》记载：

> 自元迄清末，先后设有小盈、店头、沈井、洪塘、县前、乌泥（涂）、新塘、苎溪、安民、鱼孚、深青、仙店等12铺，以供邮驿，全长69里。

驿站，是古代供传递军事情报的官员途中食宿、换马的场所。我国自周朝就设有烽火台及邮驿传递军事情报。至汉朝每30里置驿，由太尉执掌。

唐朝邮驿设遍全国，分为陆驿、水驿及水陆兼办三种，驿站设有驿舍，全国共有1639个驿站，人员共20000余，中央由兵部驾部郎中管辖，节度使下设馆驿巡官4人，各县由县令兼理驿事。

宋朝驿卒由兵卒担任，但规模不如唐朝。

元朝是我国历史上疆域最为辽阔的朝代之一，为了维持庞大帝国有序运营，于是强化了驿站制度，时称"站赤"。《经世大典》记载中国有站赤1496处，藏区也有大驿站28处，小站7至8处。

到了明代，另外设立了递运所。万历年以后，朝廷的腐败导致驿站管理混乱。历史上记载的"明清同安弊政扰民"，就以"驿传之役为最"。由于财政紧张，崇祯年间开始裁减驿递，闯王李自成原先当过驿吏，就因这次驿站被裁失业。后来愤而参与起兵造反。

清朝驿站又有较大发展，全国共计设立驿站1785处。

元、明、清时期，驿道一般于60里设驿，10里设铺，专事官府邮传之职，不理民间函件。过去闽南人常以"几铺路""铺几路"来形容路程，一铺就是十里。

北宋以来，古同安设有两个驿馆：大同驿在轮山梵天寺一带；鱼孚驿于60里外的安仁里。

元代移大同驿于县城西门外（今西安路，古名驿路），改名同安驿；又移鱼孚驿到深青，改名深青驿。同安驿上接南安康店驿70里，下接深青驿60里；深青驿下接龙溪江东驿60里。

明洪武九年（1376），同安驿改名大轮驿，加置总驿衙于县城内，设驿丞专理官府驿务。

清以典史兼管，乾隆三十年（1765）改归知县兼辖。时大轮、深青两驿各设驿馆（俗称接官亭），驿丞之下，有常设赡夫60名，抄单、走递、防夫6名，兜夫15名，均系民间里社轮流服役。

据2000年版《同安县志》记载：

> 元至清同安官道共设12铺，自县前总铺起，上至小盈设4铺，下至仙店设7铺。置铺兵共55名。

12 铺为：小盈铺（南安东岭至马巷店头）、店头铺（店头至沈井）、沈井铺（沈井至洪塘）、洪塘铺（洪塘至县前）、县前铺（又名东门铺，县前至乌涂）、乌涂铺（乌涂至新塘）、新塘铺（新塘至苎溪）、苎溪铺（苎溪至安民）、安民铺（安民至鱼孚）、鱼孚铺（鱼孚至深青）、深青铺（深青至仙店）、仙店铺（仙店至龙溪龙江铺）。

明代又于小道设 8 铺：五通铺、永丰铺、官澳铺、平林铺、草市铺、北门铺、厦门铺、金门铺。

清朝分别改设为乌涂、康方、兑山、集美、高崎、莲坂、厦门和凤、金门和凤 8 铺。定额铺兵每铺 2 名。

乾隆二十六年（1761），保存金厦和凤 2 铺，其余 6 铺裁废，改设下尾店、圣林、刘五店、五通、句塘、金鸡亭 6 铺。不久又废，再改设金门渡口、石浔 2 铺，连同旧有金厦和凤 2 铺，仅存小道 4 铺。

乾隆四十年设置马巷厅后，又增加了厅前铺、三角埕铺、后浦铺三驿。

清光绪三十一年（1905）同安创设"大清邮局"，驿铺全废，驿道系统自此退出历史舞台。

但在民间，这条古道一直服务于当地百姓往来，直到机动车全面普及；而且新设的 324 国道大致与古道平行，其他新路更是与它藕断丝连，留下串串历史文化基因密码。

附：行走宋元泉漳驿道

信息时代，鼠标轻轻一点，信件数秒之内便跨越千山万水。当年驿道上仆仆风尘的驿使脚步和嗒嗒直响的马蹄声响，早已消失在历史的烟云中。只有那一块块被岁月的风雨磨得发亮的青石板以及道旁的古迹景观，让后人抚今追昔、思接千古——

1999年，我随同厦门市文化局领导调研，跋小盈岭始、涉深青溪终，穿越厦门全境，寻访连接漳、泉的同安古驿道。

我们一行爬上小盈岭颠，驻足当年朱熹为镇风沙而建的同民安坊，在圣人手植的古榕下小憩，凉风习习，倍感惬意。诚所谓前人种树，后人乘凉是也。同行的老洪笑着说，此处古时可比现在"凉快"多了。

民谚云：沙溪七里口，无风沙自走。

岭颠正是风口，早时民众深受风沙肆虐之害。在朱熹建坊植树之后，又经过历代劳动人民的努力，早就把风沙给镇住了。

遥想当年，车轮碾压，铁蹄踢踏，声若奔雷。这里是一页展开的历史，记述了千年车声辚辚，瘦马萧萧的风雨沧桑……

我们来到古道同安东宅村段"行军桥"。桥只残存一半桥面，都快成断桥了。桥下一群鸭子快活地游走觅食，要不是桥那边建有一家石料加工场，还真有"古道西风，小桥流水"的荒凉意境。桥侧的碑文却告诉我们，这里曾有过傲人的记忆，是漳泉驿道的重要节点。（2022年因建设需要，行军桥被迁到原址上游75米处，临近同新路）

来到凤山麓已接近同安城，路过东岳行宫，引起我们兴趣的倒不是金碧辉煌的仁圣大帝宫殿，而是一旁小小的康王公庙。庙门的两副对联记载了一个抗倭的故事，联曰：

灵宵降康府倭魔闻风丧胆
凤山奉元帅神威保境安民

另一联是：

康府佛法驱邪退敌
元帅神威保境安民

相传在明嘉靖三十九年（1560），倭寇侵扰岳口，装备简陋的村民抵挡不了凶悍倭贼。聪明的村民在农历四月初一晚抬出康府元帅神像迎敌助威，不明真相的鬼子慌乱中以乱箭射杀，却射不倒"康王"，以为岳口请来天神，急急如丧家之犬溃逃。当晚得胜的村民高兴地抬神像游村，并年年延续，形成独特的"走康王公"习俗。或许受此影响，驿路旁的岳口村庙特多。

拾级上了接官亭，俯视延绵的古道，想到古时出行缓慢，此处不知浸染着多少送别之泪，仰望疾去的飞机，平添万千感慨。纵观古驿道，从厦门与泉州交界的小盈岭一直到厦门和漳州接壤的南山岭，虽然大部分早已颓废湮没，只留下残存在村野乡间的荒凉景象，但若将现存的古道遗址、遗迹点对点连接，便构成一条与现今324国道大致平行的路线。

新开辟的324国道除了绕开古道旁业已形成的村庄，基本上依然与古驿道擦肩而过。这使得我们的采访并不用费太大的劲，沿着324国道驱车前行，走走停停于并排的古道新路，徜徉于历史与现在的交叉时空。一老一少两条路记载着历史的辉煌和时代的自豪，老的完成自己的使命后，在退出历史舞台时还为少的指明前行的方向。新水泥路上那川流不息的车辆和沿路的繁华盛景，与这一侧凄凉、萧条、荒芜、冷清的古驿道形成鲜明对比。当年的车水马龙、迎来送往的景象已成追忆。

运行千年的驿路，造就两边依傍的街坊村舍，留下一路丰厚的人文胜迹。同安、翔安和集美的很多地方都是先有古道后有村庄，如三忠、岳口、深青等村居，都以古道为中心向两旁扩展，而后形成村社、集镇。直到现在，古驿道还是这些地方的主要村路。三忠庙前、岳口路，以及同安城区的西安桥、松柏林街一带等地，也都是当年依傍古驿道形成的商贾聚集地带，目前尚保留着一些古店铺间，昔日商业贸易景象依稀可寻。从同安小盈岭到集美深青桥，人文古迹不可胜数，如一串璀璨的明珠披挂在千年的古驿道上。

中国驿道

驿道是古代传递政府文书等信件的道路，沿途设有驿站，供传递者中途更换马匹或休息、住宿。驿道最早的历史可上溯到秦朝。秦始皇统一中国后，即下令全国修筑"五尺道"，这便是驿道的"始祖"。古时驿道的行政管辖权，中央一级由皇帝和兵部掌握，省一级设置总驿，由督抚和粮驿道掌握，总驿下设驿，驿下设铺。明清时期，凡六十里设一驿，十里设一铺。

修驿劳力或用民工，或用军工。各驿道由驿丞掌管日常事务，驿丞由省署委托所在地的府、厅、州、县长官管理考核。据《清史稿》记载，驿丞的职责是"掌邮传迎送，凡舟车夫马，廪糗庖馔，视品秩为差，直支于府、州、县，籍其出入"。

漳泉驿道

南安与翔安交界的小盈岭至海沧与龙海接壤的南山岭之间的古驿道，系古代同安连接泉州、漳州两地的官道，中唐以前已初具规模。宋代，随着福建社会经济的发展，该道逐渐发展成同安县境内的交通要道。尤其是宋皇室迁都临安（今杭州）后，中国的政治经济中心南移，福建成为南宋王朝的大后方。1142年，南宋王朝在泉州设立市舶司专理对外贸易，使泉州发展成对外贸易第一大港，这条古驿道上的各项设施也渐趋完备。时同安县境内共设驿站两处，即大同驿（在县城内）和鱼孚驿（今集美鱼孚村），上接泉州南安县的康店驿，下接漳州通源驿。元代，大同驿更名为同安驿，鱼孚驿移建于深青村，名深青驿；上接泉州清源站，下接漳州江东驿。明代，同安驿复名大同驿，深青驿续设，上接泉州晋安驿（即元之清源站），下接漳州江东驿。清代大同驿更名为大轮驿，深青驿续设，上接南安县康店驿，下接漳州江东驿。

小盈岭至南山岭的古驿道上先后设有小盈、店头、沈井、洪塘、县前、乌泥、新塘、苎溪、安民、鱼孚、深青、仙店等12铺，全长69里。至清末随着各地近代邮政局的先后开办，驿铺逐渐没落。

古驿胜迹略举

同民安关隘

同民安关隘位于翔安和南安交界的小盈岭，两地界碑就在隘旁，乃朱文公造坊治风沙古迹，也是郑成功与清军血拼的古战场。界碑之外的和尚山及古庙隶属南安之地，但历来都是同安人管理，据说和古时的一起杀人官司有关，缘于南安溪埔褚氏感恩同安秀才救命之举。

同民安关隘是旧时同安通往泉州的古道驿站，上接三魁，下连鸿渐，丘陵延绵，是同安东北屏障。宋绍兴二十五年（1155年），同安主簿朱熹到此勘察，见岭两翼高山夹峙形成漏斗，以致风沙为害，遂建石坊以补岭缺，并手书"同民安"三字于坊匾，亲手植下四棵榕树，祈能抵御沙祸。清雍正十二年坊塌，至乾隆二十三年（1758）马巷秀才林应龙等人呈请倡捐，就原址改建关隘。

小盈岭还是郑成功抗清古战场，漫步岭上思古，风嘶马鸣似乎滚滚而来。顺治五年（1648）八月，清军佟国器、陈锦、李率泰由泉州取同安，郑军守将邱缙、林壮猷扼小盈岭与清军奋勇激战，后终因寡不敌众，邱缙身中七箭退守同安城。至廿六日城陷，清军屠城。顺治八年（1651）十一月，郑成功同样在小盈岭大败清督杨名高。

银城凤山道

此道靠近同安城区的古驿道旁，文物古迹多且著名。亭有古代"接官亭"，塔有"魁星文运塔"，宫有开发厦门的"北薛"令之公建造的"东岳行宫"，坊有彰显施琅收复台湾功高的"绩光铜柱"等等。接官亭南有石碑提示：

过此便是宋丞相苏颂故里。

接官亭名曰"甘露亭"，古代迎接上任官员即在于此。亭据古道凤山分水岭，应是洒泪饯别远行亲友的"长亭路"，古往今来，不知承载过几多离情别恨。亭的始建时间不详，明代万历二十三年重建，石木重檐结构，通高6.2米，上檐八角攒尖，下檐四坡。亭南道侧立石碑，上书"宋熙宁三舍人丞相正简苏公故里"，告诉过往客，此地乃一代名人苏颂家乡。

两个碑的落款均为：

大清光绪六年荷月知同安县事八十四敬立。

八十四是县令之名，志书查无此人真实姓名，只知其字"寿征"。据同安文史专家洪文章介绍，相传寿征乃其父在高龄八十四岁所生，实属世间少有之奇闻，故取名"八十四"以记盛事。另有一说是，以数字命名并非偶然，而是古时候某些地方的特色。

凤山石塔在驿道北面，实心石构，六角五级，出拱挑檐，葫芦刹顶，通高14.25米，怕被风吹倒，系有铁链。塔置镂空魁星石像，镌有联、匾及如来佛坐像。此塔是明万历二十八年县令洪世俊为振兴文运而建。塔立山巅，旭日东升，影入东溪，风姿绰约，"东溪塔影"乃旧时银城轮山八景之一。

东岳行宫在凤山山麓，系开发厦门之"北薛"始祖、唐左补阙兼太子侍读薛令之所建，供奉东岳仁圣大帝，配祀"六不足"神像，即所谓的"甘罗发早姜尚迟；范增贫穷石崇富；彭祖颜回寿不齐"。行宫依山而建，规模宏大，颇具气派，代有兴废，1993年重修后焕然一新，成为同安盛迹。

西溪西安桥

西安桥位于今同安西安路，宋大同驿设在此处。桥近抚金、厦，绾结漳、泉，远控澎、台，阻扼榕、穗，是福厦之要冲，地理位置十分显要。桥的建成开辟了同安商业黄金带。西安桥建成于北宋元祐八年（1093），乃同安人许宜捐建。宜号"西安"，桥、路以其号命名。桥长300多米，石梁九条，通水十八门，护以石栏，镇以石塔、石将军、石狮，并修有二亭供路人休憩，时为闽地名桥。现今同集路的石雕以及西溪的风貌建筑即仿效旧时西安桥风格。

西安路又称驿路，明朝时桥两旁陆续兴建店铺，逐渐形成同安较早的商业黄金福地，目前尚保留着一些老店铺，显示古时贸易就已十分活跃。

灌口观音亭

古驿道上的黄庄桥呈东西走向，横穿东港溪上，全长12米，面宽2米，一墩两孔，以花岗岩条石砌成。从砌工的精细及船型桥墩特色来看，应为宋代修建。黄庄桥附近的坑内有座观音亭，"观音菩萨"不是柳眉凤眼的女性形象，而是长有胡须、笑容可掬的和善老汉形象。按说，观音原型为双头小马驹，菩萨本无男女之分，最早的观音也有男身，但却属凤毛麟角，极为稀少。后来听了民间故事，才知道灌口观音亭供奉的并非男身观音，而是清末曾斥巨资修缮同安西安桥、素有乐善好施美名的黄庄大善人杜艮。

相传清末闽南一带大旱，哀鸿遍野，民不聊生，即将没落的清廷已无暇顾及赈灾，灾民孤苦无依。黄庄大富人杜艮在坑内设点救济灾民，为每个求助者发放两块大洋。有些贪心者一天讨十几趟，不到两天就分光了几十万块大洋。一个憨实的惠安石匠不敢白拿大洋，对杜艮言明自己不是讨救济的，是找活来的。石匠许诺说，如信得过他就先给十块，好回家救治病重的母亲，三天后一定赶回干活，做再多的活也可以。杜艮本身就是有名的孝子，见石匠语气挚恳，孝心可嘉，哪有不给之理，当即付出五六十块大洋，嘱咐石匠回去多招些人过来，好铺修一条从大岭到长泰县山重村的石阶路。惠安石匠受到杜艮这样信任，欣喜万分，不断磕头致谢。结果不出三天，石匠安顿好老母亲后便带着一大帮人赶到黄庄铺路。

后来，杜艮积善行德的事迹经官府上报后，光绪帝赐予"奉宪大夫"虚职，慈禧后索去珍贵玉佛。由于杜艮平时广为散财，到老时物质上变得一穷二白，但却得到许多人的敬仰。在他谢世后，那位惠安石匠以及乡亲们在他设救济点的地方建观音亭供奉他，把杜艮比为"大慈大悲救苦救难"的观世音菩萨，永久纪念。

集美深青驿

深青驿位于今集美灌口深青村口。据村里的人介绍，古道上那些宽大的石板，人走马踏，历经岁月竟然弯了许多。深青驿始建于元代，重建于明洪武十四年（1381）及景泰元年（1450），1988年厦门市文物管理办公室重修。现仅存门楼及历代修缮碑记。门楼为两层式，基柱石构，上部砖木构，奉祀关帝爷。

门楼面额镌"驿楼古地"四个字。

据《同安县志》载：

> 深青驿在县西六十里，宋名鱼孚，在安民铺之侧，元移今所，明洪武十四年知县方子张重建，景泰元年尚书薛琏令主簿蔡玲重建，上至大轮驿六十里，下至漳州府龙溪县江东驿六十里。原系驿丞专理，清乾隆二十年裁汰，归县管理；额设瞻夫六十名、抄单、走递、防夫等五名，篾夫十五名。

驿楼门前的古石板桥即"深青桥"，主体长25米，平均宽2.99米、高3.7米，五孔四墩。桥墩为船型，基础采用"睡木沉基"法。该桥重修于康熙年间，续建于嘉庆九年（1804），是古同安通往漳州要道。

朱熹与古道之盈岭三魁和鸿渐

位于翔安的小盈岭古道，上接三魁、下连鸿渐，三座山名得天独厚，寓意甚好；尤以鸿渐为妙。

"盈"字通赢，"魁"者为首，"鸿渐"则出自《易经》，意为依次而进，渐至高处。后指踏入仕途。

青年朱熹像（坚定文化传媒 供图）

宋绍兴二十三年（1153）七月，一位风尘仆仆的年轻儒士，自泉州府一路南下，匆匆来到小盈岭驿站，由此踏入同安地界，从此走上仕途第一站。

他就是后来赫赫有名的一代大儒，闽学代表人物朱熹。此时他年方二十三，恰是意气风发、踌躇满志之时。遥想800多年前，当年轻的朱熹登上盈岭，临风而立，左顾鸿渐、右盼三魁，向前俯瞰同安大地之际，又岂是喜洋洋则矣！

岭曰"盈"者，还有环顾左右的"鸿渐""三魁"两山之名，简直就是朱熹近五年来的幸福心情写照——连夺"三魁"、佳偶天成，"鸿渐"于干、仕进于朝。

绍兴十七年（1147），18岁的朱熹考取贡生。第二年春，南宋著名"刘胡学派"代表人物之一的刘勉之，将自己的女儿刘清四许配给他。同年三月，朱熹入都科举，登榜第五甲第九十名，获赐同进士出身。绍兴二十一年（1151），朱熹再次入都铨试中等，授左迪功郎、泉州同安县主簿。

应该说，对于同安，朱熹有过期待与憧憬。这里，不仅是他所景仰的一代名相苏颂故里，而且堪称是培养大宋进士的热土之一。从淳化三年（992）到绍兴三年（1133）短短一个多世纪，同安籍进士就有30多名，在朝为官者不可胜数。东黄、西石、南陈、北薛、中苏等几大同安科举望族早已声名远播。

遗憾的是，理想很美满，现实很骨感。

来到同安后，这里的贫穷和落后景象，应是朱熹万万没有想到的。同安虽然早在五代时期就已设县，但一直没有建城，直到绍兴十五年（1145），知县王轼才开始动工修筑土城，绍兴十八年（1148）在知县刘宽手上完成。

朱熹是绍兴二十三年七月到达同安的，按道理他见到的是一座刚刚落成五年的新城，不说美轮美奂，至少也得是崭新靓丽的吧？

但事实并非如此，据康熙版《大同志》记载：

> 同安县主簿廨，皆老屋支柱，殆不可居。

这是朱熹自己在《高士轩记》留下的对于当时县衙主簿办公场所的感受，也是同安在他眼中的第一印象了。也就是说，在建造城池的时候，年久失修的县衙并未跟着翻新或重建，甚至是破败不堪，无法居住了。同安当年之困，可想而知。

物质差点，那精神方面呢？

据康熙版《大同志》记载：

> 熹少从先生长者游，闻其道故相苏公之为人……以是心每慕其为人。属来为吏同安，同安，公邑里也。以公所为问县人，虽其族家子弟不能言。

这段话摘自朱熹在同安所撰《苏丞相祠记》，意思是说，他在年少时期就知道一些苏颂的事迹，内心十分仰慕。未料到了苏颂故里后，问遍同安人，甚至是苏颂家族后人，也都说不出个子丑寅卯来。

苏颂乃闽南望族之后，宋以来一家出过八位进士，尤其是苏颂，乃五朝元老，位极人臣，官拜宰相，还是北宋杰出天文学家、天文机械制造家、药物学家，一生勤政廉洁，颇有声名。让朱熹觉得不可思议的是，此时离苏颂过世不过区区五十二年而已，而同安人居然大多不识苏颂。其信息之闭塞、见识之短浅，由此可见一斑。

好在朱熹是个好官，主簿廨不能住，他另寻"西北隅一轩"，并取了个励志雅名"高士轩"，不以主簿位卑而不忧民，不以同安鄙陋而不为民，确立了"敦礼义、厚风俗、劾吏奸、恤民隐"之法治县。在其任上，排解同安、晋江两县多年械斗，整顿县学、倡建"教思堂"，在文庙大成殿倡建"经史阁"，主持修建"苏丞相祠"，希望"如公学至矣，又能守之，终其一生不变，此士君子之所难，而学者所宜师也。因为之，立祠于学，岁时与学官弟子拜祠焉"。[1]

隆庆版《同安县志》评价：

> 自朱子簿邑后，礼义风行，习俗淳厚，则谓本邑礼俗创自紫阳。

虽然，把过化同安的所有功绩归功于朱熹未免是言过其实了，但以朱熹后来的巨大影响力，尤其在元代之后，均以朱子理学为科举主要教材和考试依据，对于同安文教发展的推动作用是毋庸置疑的。

小盈岭是朱熹踏入同安的第一站，也是他离开同安的最后一站，浸润着朱熹"牧爱"同安万民的点点滴滴。

---

[1] 出自朱熹的《苏丞相祠记》。

古时当地民谚云：沙溪七里口，无风沙自走。

小盈岭山下的沙溪一带，因为地处三魁、鸿渐两山夹峙之口，风沙到此，犹如漏斗倾泻而下，自古民众苦不堪言。到任同安第二年，朱熹就深入勘察地形，遵循古代堪舆学理论，在此修建一座石坊，以补岭缺，镇住风沙，并亲笔为石坊题名"同民安"三字，寄希望于佑护当地百姓安然无虞。

与此同时，朱熹还以科学的防风治沙之策，在小盈岭上亲自种下四棵榕树，引领当地百姓植树造林，保护生态，彻底治理风沙。

朱熹当年种下的这些榕树，历经八百多年岁月依然郁郁葱葱，繁衍不息，荫庇众生。这或许是厦门史上有文字记载的第一次引种榕树。朱熹此举，或为效仿北宋福州太守张伯玉。

众所周知，福州是我国著名"火炉"，入夏酷热，古时中暑生病者多。治平二年（1065），张伯玉调任福州知府，为了有效缓解福州民众受热之苦，在深入调研比较后，选择广植榕树，作为福州城的行道树、护堤树、官廨庭院绿化树。及至熙宁（1068—1077）以后，福州"绿荫满城，行者自不张盖"。在张伯玉离任后，新来知府程师孟接着又栽新榕万余株。历经代代养榕，逐渐形成著名的榕城。20世纪90年代，福州还为张伯玉在西河公园竖立雕像，永世纪念他造就榕树之城的恩德。

朱熹在同安前后五年，直到绍兴二十七年（1157）十月离任。当地百姓依依不舍，一路相送，一直送到小盈岭，眼看就要走出同安地界了，众人纷纷扳住朱熹的车辕不放。记载此事的

"扳辕石",今天还矗立在古道之旁。

扳辕、卧辙、泣道,乃古代官员离任时常见的场景。当然,这是黎民百姓给予德才兼备、爱民如子的官员的礼遇。

清初盈岭古道上的两大血战

循古道，上盈岭，猎猎风中，四方云动。

望苍天，回顾历史兮盈岭寒，将士一去兮不复还……

在这里，有着厦门人刻骨铭心的记忆，痛彻肺腑的历史梦魇。

小盈岭，位于今天泉州南安与厦门翔安交界处，扼守古同安今厦门之东大门。上接三魁，下连鸿渐，地势险要，历来为兵家必争之地。

1651年，南明永历五年，明郑军队先后取得磁灶大捷、钱山大捷，清廷大为震动。农历十一月，郑军截获情报，得知清廷福建陆路提督杨名高已率兵南下，将取道小盈岭驰援漳州王邦俊部。于是，郑成功率领所部从厦门渡海，抢先在小盈岭一带伏击。杨名高令清军兵分三路，向小盈岭发起进攻，暗地里又派一路由鸿渐山迂回郑军后侧，企图形成合围。

对明郑军队来说，此时正处于连报双捷的高亢期，而且此战是一场酝酿三年的复仇之战，关键还有郑成功亲自坐镇指挥，众将士无不以一当十，势如破竹。清军很快就狼狈而逃，郑军乘胜一路围追堵截，一直打到马巷，杨名高才得以侥幸逃脱，全线溃败。

小盈岭战役，是继磁灶大捷、钱山大捷之后，郑成功在闽南取得的连续三次完胜，大大鼓舞了全军反清复明的斗志和信心。在这之后，郑军几乎掌控了闽南地区长达20多年。直到1664年，明郑军队才彻底丢失金厦两岛，退守台湾。

在朱熹题写的"同民安"古坊前面，矗立着一块刻字石碑，记录着这一次的胜利。

鲜为人知的是，在这不远处的大盈岭，之前郑军败走，清军屠城，古同安遭遇了一场惨绝人寰的浩劫。

闽南有句古话"三日归清，三日归明"，用以形容当年两军的拉锯战，攻守转换之频、战况变换之快，匪夷所思，难以预料。还有一句话："嘉禾断人种，银城血流沟"。前者指清初迁界禁海令，后者指清军"同安四日屠"。

清政府统一中国大陆以后，为了防止郑成功抗清力量与内地的反清力量发生联系，沿袭明朝海禁制度，实行海禁。再后来，为进一步切断明郑补给，实行更为严厉的迁界令，强行将福建、广东等沿海居民内迁三十至五十里，并将房屋焚弃，不准百姓复界。这导致了厦门等东南沿海地区田园荒芜、百姓流离失所。

造成"银城血流沟"的，则是一场惨烈的战役。1647年，郑军攻克同安，留吏部主事叶翼云代理知县，陈鼎为教谕，会同部将邱缙、林壮猷、金作裕及三千兵士驻守城池。

1648年8月间，清军总督陈锦及李率泰、佟国器等合师进逼同安。郑军分三路把守：邱缙、林壮猷领一路守大盈岭，以阻泉州来敌；金作裕领一路守苎溪岭，以防漳州来敌；代理知县叶翼云则领民兵，驻守县城。

在大盈岭交战中，邱缙身中五箭，败退同安城。清军一鼓作气，连夜追至同安，炮轰城墙，攻入城池。邱缙、林壮猷、金作裕等皆在巷战中牺牲，教谕陈鼎在县学明伦堂自缢明志，知县叶翼云及全家老少亦一同殉难。银同百姓，更是遭遇了前所未有的人间惨剧。

由于此战军民顽强抵抗，清兵虽然取胜，但损耗巨大。因此清军在破城后下令屠城七天。这次清军实际屠城4天，全县一半以上人口，近4万无辜百姓被杀。史称"同安四日屠"。

头三天，清军兽性大发，不管军民，老弱妇孺，见一个杀一个。第四天午后，杀至葫芦山下的后炉街，路上早已不见人影，唯有一个婴儿，伏在女尸身上一边啼哭，一边吸奶。清兵见状，顿生恻隐，方才下令封刀。这个婴儿后来还被尊称为神，供在"刹口庙"里纪念。

陷城之际，时值八月暑热天气，数万尸首等不及清理就已腐败，其味冲天。幸好有位僧人叫作无疑，带领徒弟信众，将城中尸体移除城外，就在今天的育才中学附近埋葬，名曰"同归所"。

"同安四日屠"导致全城十室九空，十家九丧。后来每逢农历八月二十六，城中百姓结队上大轮山梵天寺做功课，意在超度遭屠之先人，并到"同归所"公祭。这就是当地民俗"祭陷城祖"的由来。

无疑僧之善举，亦有清代诗人童宗莹《游大轮山偶过同归所感赋》记之：

> 有一比丘曰无疑，
> 三秀中峰采紫芝。
> 乱世全身半饥饱，
> 锄云耨月勿言疲。
> 不逞机锋不学诗，
> 每于朴处见威仪。
> 戊子之年陷城池，
> 填街塞巷有横尸。
> 四民纷纷悉流离，
> 断骼模糊血参差。
> 腥秽逆人忽昏痴，
> 虫穿蝇集收者谁？
> 比丘为此双泪垂，
> 有罪无罪总堪悲。
> 以无畏力愿掩之，
> 解衣投杖荷藁桯。
> 或负或曳或抱持。
> 腐胔视如栴檀枝。
> 从沙门法付荼毗，
> 封以一抔土累累。

城中白骨忽清夷,
宵深雨暗燐少驰,
市井复业纷相追,
同归一所今如斯!
万鬼无声享吉饎,
呜呼功德归吾师。

前垵秀才为同安化缘
古道"飞地"

从翔安一侧登上小盈岭，跨过"同民安"关隘，那便是泉州南安地界了，自古就有"南同交界碑"矗立于此。

南同交界碑（黄坚定　摄）

南安这边有一座古寺，门上题曰"盈岭古寺"，原名"大士寺"，始建于唐代，清乾隆十七年（1752）重建，1995年翻修。

令人诧异的是，明明是隶属南安市辖区的古寺，但里面的管理人员，大多听不出有南安口音，这个地方腔在两地可是泾渭分明的，根据口音，基本上都是翔安的。不仅如此，输入"大士寺""盈岭古寺"随便在网上搜索，跳出来的视频图文信息，也绝大部分出自厦门的平台。甚至，盈岭古寺还登录厦门翔安官方媒体，赫然出现在"厦门文物""翔安文物"名单上面。

这是怎么回事呢？

原来，这和清代的一段公案有关。据看寺老者说，古寺周围俗称"和尚山"，以前是南安溪埔褚氏家族地产。寺里和尚常因摘果子、捡柴火等琐事和溪埔人口角。

清朝乾隆年间，褚氏有一族人持斧杀人犯下命案，眼看是免不了要上断头台了。这时，有人建议褚家向一位高人求救。这位高人名叫孙金榜，是小盈岭下面内厝前垵村的秀才，素有才干，交通官府，声名远播。

接到这个案子后，孙金榜仔细问清案由，并调阅了相关法律文书，还真为洗脱褚氏罪名想了个好办法。按照原先卷宗记录，褚氏乃"用斧杀人"，孙秀才在卷宗里面的"用"字上面，加了一笔弯钩，改为"'甩'斧杀人"。虽然仅为一字之差，但性质就完全不一样了。

这样一来，"故意杀人致死罪"变成"过失杀人致死罪"，救了褚氏一命。

褚家感激孙秀才的活命恩情，欲重礼答谢，孙金榜百般推辞，起初万万不肯收礼。到了后面，一来盛情难却，二来突然想起大士寺和尚的难处和抱怨，便替大士寺化了和尚山地产。从那以后，这片山地便为寺产，长期让同安（也就是现在的翔安）经营直至现在。

两地的情谊与契约,不因朝代的更替而变换,不因岁月的流逝而失信,延续至今数百年之久。

堪称弥足珍贵的历史佳话。

追寻小盈岭下的先贤们

沿着泉漳宋元古道而下，登上小盈岭，穿过"同民安"，走出关隘，便是现在的翔安内厝地界了。

穿越山道驿站时空，我们"相遇"了宋代大儒朱熹；下了山，我们又将隔空"邂逅"宋代许家"父子通判"以及在明代扬名朝野的兵部尚书蔡复一等先贤。

沿着泉漳古道自东往西，进入厦门就是后垵了。后垵东北临界南安，西南连接前垵。后垵之名，源自村里小山犹如马鞍，山南俗称前鞍、山北俗称后鞍。传宋代建宁府通判许衍为其起名曰"南半里"，但后面又被其裔孙许垂旭改为后垵，沿用至今。村民多许姓，另有吴姓自清代由南安迁入。

许衍，字平子，南宋同安县萧山人，也就是现在后垵边上的许厝村人。该村许氏祖上为萧山萧家女婿，故古代许厝曾有"萧山许厝"之称；后垵许氏和萧山许，也就是现在的许厝许同宗同源，来自一脉。

许衍一生喜论时事，绍兴二年（1132），就以太学生身份上书"士论"，乾道八年（1172）登第时又进本论二十篇。他历任福州、赣州教授，永福知县，后授建宁府（今建瓯）通判，遗憾的是，尚未赴任就去世了。幸有其子许伯诩，乃淳熙己酉年（1189）文魁，被朝廷以孝廉举荐入仕，先后担任顺昌县尉、福州怀安县丞直至临江通判，抒写了"父子通判"的历史佳话。宋代州府通判一般为从五品或正六品，掌管粮运、家田、水利和诉讼等事项。虽然官阶不算很高，但通判是由皇帝直接委派的，对州府的长官有监察的责任，有直接向皇帝报告的权力。因此又名同判，权力不小。

在许厝的许氏祖祠大门，至今保留有一副楹联，相传为朱熹手笔：

千峰起伏奔腾前狮后马
九水回环映带右鹊左鸿

因为年代久远又历经多次临描，难以明辨真伪。但从时间节点推断，朱熹于1153—1157年在同安当主簿，1190年又来漳州任知州，正是许氏父子声名鹊起之时，给个墨宝那也是情理之中的事。

许伯诩生于乾道四年（1168），卒于嘉定十三年（1220），享年52岁，墓葬老家，位于今天许厝村内。与他一起长眠于此的，还有另外一位明代大贤，官至兵部尚书的蔡复一。他的墓园位于翔安区内厝镇后垵村，北靠盈岭，南临村田，西交国道，东接沃野，是厦门保存较为完好的明墓之一，已被列为市级涉台文物保护单位。

许伯诩墓亭（翔安区文化馆　供图）

蔡复一，字敬夫，号元履，金门人，明万历五年（1577）生，12岁便写出万余言的《范蠡传》，17岁中举，18岁中进士；历任刑部主事、湖广参政、按察使，山西左布政使、右副都御史、兵部右侍郎等职。卒于平越军中。朝廷追赠其为兵部尚书，谥"清宪（献）"。

蔡复一为官，奉守"报国以忠心，担国事以实心，持国论以平心"之旨，以"正己不求"律己，为许多正直官员所称许。他博学多才，工诗，能文，一生著作颇丰。

风靡闽台两岸的美食"同安薄饼"，还有当地婚俗中的"无天无地"之举，都和蔡复一有关。

若论颜值，据说蔡复一还真是差点意思。一只眼睛长着翳状赘肉，满脸都是麻子，一脚有点跛，背还有点驼。但由于12岁就以万余言的《范蠡传》成名，有位官宦人家的小姐看上蔡复一的才华，喜欢上他了。这位小姐姓李，祖父是潮州太守李春芳，外公是广东副使刘存德。她从小接受良好的家教，琴棋书画样样精通。李父因嫌弃蔡复一的长相，骂道："就你这样的长相，还敢娶我家女儿，真的是无天无地了。"在闽南话语境中，"无天无地"当然不是一句好话，大致是骂他厚颜无耻，不知天高地厚了。

李小姐勉励蔡复一不要气馁，待求取功名后请皇帝赐婚。还好，蔡复一于万历二十三年（1595）考中进士，成为同安科举史上最年轻的进士，最后如愿抱得美人归。迎娶李小姐时，为了当年李父那句"无天无地"，蔡复一特地在上空遮住布幔，脚下铺上地毯，用以映射"无天无地"之说。后来在当地相沿成俗，新娘出嫁"无天地"，除了要有地毯，还必须用雨伞或米筛斗笠等遮住头上。

蔡复一的这位李夫人，就是"同安美人薄饼"故事中的主角了。天启五年（1625），贵州奢崇明、安邦彦起兵反叛，贵州巡抚战死。朝廷任蔡复一为兵部右侍郎，巡抚贵州，不久取代杨述申的总督贵州、云南、湖广军务，兼巡抚贵州。蔡复一苦心运筹，经7次大战，歼叛军近万人，克地数十百里。在这期间，他公务军务缠身，日理万机，不是废寝忘食，就是根本没时间吃饭。蔡夫人看在眼里，疼在心上，害怕照这样下去，蔡复一身体必垮。于是，她就借鉴春卷做法，将一些菜肴尽量切碎，并加上可口的油饭，用春卷皮包好，置于夫婿案头。如此一来，让他既不用费劲咀嚼，又可享有好吃营养的美味，轻轻松松吃饭办公两不误。

对于夫人的美意，蔡复一自然是极力赞赏。因为是老婆做的，这种菜便被称为"婆饼"。闽南话"婆"与"薄"谐音，又因饼皮越薄越好吃，后来就称为"薄饼"了。

其后，蔡夫人"薄饼助夫"的故事被传开，薄饼的制作方法也流传民间。因为薄饼由美丽的蔡夫人发明，故又称为"美人薄饼""夫人薄饼"。

关于美人薄饼的传说，还有另外一个版本。说是蔡复一得罪了权臣石显，他的同党找碴刁难蔡复一，向皇帝进言说蔡复一双手可以同时写字，而且又快又美，推荐让他去抄写历年积压下来的文书。文书共有九大箱，正常人没有一年半载抄不完。皇帝一时不察，下旨让蔡复一在四十九天之内完成。蔡复一抗旨不得，只能废寝忘食干起来，于是李夫人研发了薄饼。

关于蔡复一的爱民之举，还有很多。《明史·蔡复一传》就记载了一个很有意思的故事：

> 天启二年，以右副都御史抚治郧阳。岁大旱，布衣素冠，自系于狱，遂大雨。

1622 年，蔡复一任右副都御史。这是明代都察院长官，设左、右都御史各一人，正二品。都察院负责监察、纠劾事务，兼管审理重大案件和考核官吏。作为派驻湖北郧阳安抚治理的中央官员，蔡复一本来是不用为地方干旱而自虐的，但他是个爱民如子的清官，所以就脱掉官服，换上普通百姓的衣服帽子，把自己绑了，自个儿蹲进大牢，用自我惩罚的方式，祈祷老天爷降雨。

也算他运气不差，还真求来了大雨，滋润了万民。

如此古道热肠，如此良善之风，自然孕育了贤者无数。

这里，还走出了"文魁"许宗建、许南山，还有地下党领导人许英宗、著名"泥土诗人"鲁黎（许图地）等。

翔安古地名中的"官路元素"

驿站，最早是军情传递官员途中食宿、换马的场所。我国自周朝就设有烽火台及邮驿传递军事情报，至汉朝每30里置驿，到唐朝时邮驿设遍全国，分为陆驿、水驿及水陆兼办三种。元朝是我国历史上疆域最为辽阔的朝代之一，也是驿道系统走向完备强盛的时代。

古代的驿道为官方所办，俗称官道、官路。在翔安内厝镇，还有直接以"官路"命名的村庄。

明、清时期，驿道一般于60里设驿，10里设铺，专事官府邮传之职，不理民间函件。过去闽南人常以"几铺路""铺几路"来形容路程，即从此而来，一铺就是十里。

在泉漳驿道主线，通过内厝的有小盈和店头两个铺。

小盈，即小盈岭，因系古同安东南屏障，历来为兵家必争关隘，又是进入古同安的第一站，故声名远播，广为人知。直到今天，还有山名小盈岭、寺曰盈岭古寺、村名小盈岭村，四周处处弥漫着深厚的历史人文气息。

至于店头，现在仅存小地名，乃内厝镇莲塘底下的一个小自然村，就因为在驿道开店而得名。紧挨着店头三里之外，就是官路村。所谓"官路"，意指"官员所走的路"，内厝镇"官路村"的名字，就源自古代漳泉驿道，亦即官道穿过其村。

从官路往西再走四里，就到了新圩镇桂林的七里自然村，这个名字从何而来？答案还在古道上，按照2012版《厦门市地名志》的记载：

> 七里自然村，在（桂林）村东部。清设七里保，同安至泉州官道至此七里，故名。

这个描述有点模糊，按照我在地图上的实测，所谓七里，应是从店头铺算起，往沈井铺方向行走，到了桂林这个地方，刚好七里。

过去当地民谚云：沙溪七里口，无风沙自走。所谓沙溪七里口，是指从内厝沙溪到新圩七里，都是风口，吹起来飞沙走石，昏天黑地的。

因此，朱熹当年才会从堪舆学的角度，在两村之间的小盈岭上建了"同民安"坊"以补岭缺"，又以科学的方法，植树造林，治理风沙。

这也是闽南人常说的：也要神，也要人。两者都要，不可偏废。

官路村位于内厝镇北部，与新圩镇桂林村接壤，西连美山，南邻曾厝，东接莲塘。由官路下、坝上陈、马池内三个自然村组成，村民以陈、曾、黄三姓为主。1972年南安建山美水库，又有塔斗村移民迁至官路。

和许多地方一样，这个村的故事，也喜欢与南宋的小皇帝扯上关系。

比如"马池内"，在村西北有个出米岩，泉水从石缝中流出，大旱不涸。当地人传，因为逃难的赵昺人马在此饮水，得名饮马池。据说附近设有马舍，幼主赵昺败走之后，遗弃的马舍形成村庄。

再比如"官路下"，相传幼主赵昺的军队当年驻扎于新圩镇境内的金排寨山至小盈岭，大部分官员居住于此地，因此称为"官僚下"。后因闽南语谐音讹变，"官僚下"变为"官路下"。

还有"坝上陈"，传说也和帝昺有关。此地原有一凉亭，幼主赵昺途中在凉亭歇息，称为坝上亭；因陈姓人居多，又改为坝上陈。

其实，在赵昺逃难时，后有蒙军紧追不舍，他们不大可能堂而皇之从官道走，而极有可能选择的路线应为南安大盈到同安的古道，从曾（山）岭下山到达新圩御宅。经过短暂休整后，才往广东方向逃去。

关于"坝上亭"之名，《厦门市地名志》的解释是：

> 村旁溪流筑有水坝，故名坝上。有东、西两社，西为许姓，称坝上许；此村陈姓村落，称坝上陈。"陈"

与"亭"闽南语同音，后称坝上亭。

至于"马池内"，则记载为：

> 在村东部。俗称尾头内，后雅化为马池内。聚落矩形，400余人，多曾姓，清代泉州龙头山迁来。

话说回来，关于地名典故、民间传说，往往是感性大于理性，牵系着历代斯土斯民的炽热情感，无可厚非，无伤风雅。

此村名为"官路"，在清代还真走出了一位教育官员。《厦门市地名志》记载官路为"清知县张应聘故里"。张应聘于康熙收复台湾之后的1711年漂洋过海，被派往台湾担任儒学教授，官虽不大，仅为七品，但是地位崇高，颇受尊重。他主管台湾全岛教育事务，为台湾文教事业发展做了贡献。

查翔安历史人物，担任"教谕""教授""学正"者众，虽处穷乡僻壤，但恰恰在文化教育上抢了个先，这也就是咱们老祖宗经常念叨着的：家穷好读书吧！

沈井驿铺与台湾医祖沈佺期

循迹泉漳驿道进入厦门，从小盈铺一路往西，过了位于今天内厝莲塘村的店头铺，穿过官路村，经新圩桂林七里，20里外就是沈井铺了。

沈井村的姑井（翔安区文化馆　供图）

在今天翔安区辖地，沈井系古代陆驿三铺之一，但地位不如小盈，商业不及店头。据2012版《厦门市地名志》记载：内厝的店头村，位居三驿之中，是因"古代同安通泉州古道经此，并于此开店铺，故名"。而小盈岭历来为兵家必争，明郑军队就在这里和清军血战过两场。至于沈井，则无此相关记载。

沈井社区在马巷镇北部，东南与曾林、桐梓毗邻，西至同安洪塘，北邻新圩镇辖沈井、长生洋、芸头3自然村。

沈井自然村为沈姓始居地，有大井长年不涸，故名。大井至今尚在，现多为多魏姓、陈姓。长生洋自然村在社区西南部平原上，取安生长久意，居民多陈姓。芸头自然村在社区北部，正对洪溪芸坝，故名；村里多沈姓。

2012版《厦门市地名志》记载：明末沈佺期曾寓于此。

曾在沈井隐居的沈佺期（1609—1682），南安水头侯源（后园村）人，崇祯年进士，曾在明郑军中任职，被公认为在台湾传播医学的第一人，台人尊称为"医祖""医圣""医神"而顶礼膜拜至今。

沈佺期年少时，常跟着行医的父亲，沿着南同乡间古道，在大帽山、妙高山等地采药。因受甘露寺名医妙月师祖疼爱，得其悉心传授深奥的医经医理，十几岁时他就已粗通岐黄之术，可以独自行医。

明崇祯十六年（1643），沈佺期高中进士，可惜生不逢时中，入朝不过一年，明朝灭亡，他只能悲痛万分地返回故里，先后隐居南安水头鹄岭白莲寺、新圩大帽山甘露寺以及马巷沈井村等地。

1661年，沈佺期追随郑成功，为之协理军机，将士称其为"中丞大人"。延平郡王对他十分看重，常以"老先生"尊称。他缓和了当时台岛新老居民之间的矛盾，深受郑军及高山族同胞的敬仰和爱戴。

在今天翔安区辖地的古代陆驿三铺当中，沈井铺的地位不如小盈，商业不及店头，但在其不远处，却繁华了一个闽南重镇。

康熙版《大同志》同安县境图局部

在交通运输条件有限的古代，水运无疑是性价比最高的贸易工具。

据《翔安区志》记载：在宋代，有一条沈井至刘五店古道，以沈井为起点，向南微偏东分出一支线，经马巷、市头、根岭、朱坑，再由造店折向西南，经宋厝、新店、洪厝、杨厝、山头至刘五店。该道全长 15 千米、路面宽 1.3 米，土路面，较平直。曾是通海的主要古道之一。

查阅康熙版《大同志》中的县境图，沈井铺南邻海面，标注有一个"马家港"，直通大洋。这个马家港，就是现在的马巷了。

关于马巷的兴衰，据传早在朱熹初到同安的时候，就已经预测到了。他为马家港下谶语曰：五百年前利不通，五百年后通利地。

果然，在朱熹过化同安五百年后的明清时期，这里成为一处颇为繁华的集镇：人居稠密、商贾辐辏，店铺栉比、烟火万家。

对马家港的繁荣起到关键作用的，当然是地理位置，尤其是古道。不只是马巷，同为闽南四大繁华古镇的灌口、水头、官桥，全部都在漳泉驿道沿线。

因为紧挨着陆地驿道，又是沈井铺边、马家港旁，依靠便利的水陆运输便利，这里一直是安溪、南安和同安货物贸易集散地，素有"车轮滚滚，纸字千万捆"的美誉。

因感念朱熹当年预言的"马巷梦"成真，后来由马巷商人出资，特地修建了一座"通利庙"，俗称"大宫"。再后来，又有林姓绅士捐资在通利庙旁兴建文昌阁，朱子神像随之请进阁中，通利庙则主祀保生大帝等神佛。

对此，清光绪版《马巷厅志》卷十"通利庙"篇章中也有记载：

> 通利庙在四甲大街。朱子簿同时过此曰：五百年后必有通利之所，里人因此建庙。

通利庙和文昌阁的兴起，必然对当地人文产生很大作用。三十年后，马家港迎来更大机遇。

据乾隆版《马巷厅志》记载，马巷设厅，源于时任福建都督钟音奏请。理由是同安县太大，向来是福建省最难管制的地方，而且这里民风彪悍，争强斗狠，不法之事时有发生，同安县衙又距离此地太远，防控无力。特别是：

> 该县东翔风、民安、同禾三里……皆系沿海村落，多属大姓聚居，每恃离城窵（diào）远，尤为逞强不法。知县一官，鞭长莫及，查察难周。

首任通判万友正在《马巷厅志·跋》一文中，很不客气论道：

> 银同海滨斥卤，俗趋利轻生，一言不合，聚众械斗。重洋内港，舣舟横劫，不第白昼，袪篋探丸，于都市里为尤甚。

清朝设"厅"，大多用在新开发的地区，或者是少数民族的区域，目的是更好地治理地方。马巷厅乃泉州府派出机构，行政长官通判为正六品，级别比同安知县还高。可惜1912年，废厅，复称马家巷，仍归同安县。

更加遗憾的是，万友正抨击的"趋利轻生，一言不合，聚众械斗"之风，直到民国还愈演愈烈，一条条血腥案例，在《同安县公安志》记载中触目惊心。甚至到了改革开放初期，仍然时有发生。

由于种种原因，让马巷屡屡错过最佳发展窗口期，直到2003年翔安区成立之后，才又迎来发展的春天。

"新店"其实是明代官道"老店"

新店村，也就是现在的新店社区，早在 2003 年行政区划时，一转眼由偏远渔村变成区政府所在地，彻底实现了华丽转身。

其实，这个地方虽然名为新店，却是一处如假包换的老店了。从明代有店至今，至少已有 400 多年历史，这与翔安古道有着千丝万缕的关系。源自香山一带到东坑码头的古道，后来曾有官道通过。

另外，宋代开辟的沈井至刘五店古道，由造店折向西南，途经新店后直至刘五店。

按照 2012 版《厦门市地名志》记载，当地人代代相传，古时候，有人在往返东坑小码头的古道上开设茶站，后来在此歇脚的过客越来越多。到了明代，洪厝村民迁居此处开店经商，所以取名曰"新店"。

相关史料记载，明代同安县在原有"两驿十二铺"的基础上，又于小道设水陆 8 铺，分别是：五通铺、永丰铺、官澳铺、平林铺、草市铺、北门铺、厦门铺、金门铺。

清朝分别改设为：乌涂、康方、兑山、集美、高崎、莲坂、厦门和凤、金门和凤 8 铺。定额铺兵每铺 2 名。

乾隆二十六年（1761），保存金厦和凤 2 铺，其余 6 铺裁废；改设下尾店、圣林、刘五店、五通、句塘、金鸡亭 6 铺。

清初沈井——刘五店古道示意图

这次新设六铺之一的"圣林铺"，就在新店，大致在现在的西林一带。对此，2012 版《厦门市地名志》有明确记载：

> 明清时泉州往返厦门古道过此，乾隆年间在此设"圣林铺"。居民多洪姓，属"柏埔"洪姓支派。

有点可惜的是：

> 不久又废，再改设金门渡口、石浔二铺，连同旧有金厦和凤二铺，仅存小道四铺。

虽然圣林铺属于小道小铺，且设置时间不长，但对于新店的发展起到很大的作用。

因为有驿铺，使得原有的民间小路变成官方道路，北连驿道，南通海路，尽享水陆运输之便。尽管后来不再是官路了，但并不影响民间往来使用。

尤其是它所通往的刘五店，别称镏江，因在明初在此开设有五家店铺而得名。早在宋元时代，镏江港区就已经是当地物产的主要输出港口，乾隆二十六年设置驿铺后，这里更是成为通厦门、过台湾的两大水陆官道之一。至光绪中叶，这里已是颇为繁荣的贸易港，并有大商船开往奉天、天津、广东、台湾等地贸易。民国初期，每年从上海、天津等地运回北纱、大豆、羊脯等货物，又从台湾运回糖和大米。

1949年10月后，刘五店港被列为军港。1981年9月27日，刘五店港第一次运输新鲜蔬菜直达香港，正式与香港、澳门通航，成为福建省对外开放的启运点之一。

古时候的新店，位于泉漳驿路—刘五店港古道的必经节点，因此尽享地利之便，跟着沾光成为店铺林立的小镇。当然，它的繁华程度和贸易体量，远远不能和马巷相提并论。等到2003年，翔安区政府落在此处，新店方才完美逆袭，傲然屹立于厦门东部。

| 翔安古道

香山古道"香"在何处

说起翔安香山,如今诱人前去的,往往是锦簇的大花海,还有那甜美的火龙果。其实,香山之韵,香在山下,馨于高处,全在那古道、古寺和古老的人文气息里。

香山古道石梯(翔安区文化馆　供图)

位于香山岩寺西面500米处的西坡，至今还保留着一段古道，始建年代不详，应与香山岩寺的建成时代关联，自古就是吕塘、大宅一带香客通往香山岩的便道。从目前保存路面石头的磨损程度以及当地人口口相传的故事，这应该是明清以前就已开凿铺设。吕塘和大宅等村自古办有很多戏班，素以曲艺为业，估计与古道古寺常要演戏酬神有关。

据翔安区文化馆的文物资料显示：

> 香山古道长500余米，宽0.8—2米，东西走向，以块石顺山坡修筑，于近坡顶的大岩石上凿刻43级石阶，宽0.8—1米，长约15米。因长期使用，石阶平整光亮，棱角多有磨损，反映了古代香山岩寺院的香火鼎盛。

香山岩寺，始建于1127年，那是北宋与南宋交接之年，既有靖康噩梦，又有建炎美梦。赵宋的家国天下，破灭与希望并存。对偏安一隅的寻常百姓而言，只能寄托信仰力量获得心灵的慰藉。

初创时，这里还只是荒山小庙，址在香山岩西面，奉祀释迦佛祖。北宋闽南著名高僧陈荣祖，法名普足，曾与安溪蓬莱彭普仲、广东罗溪杨义郡云游过此，并在该庙小憩。后来，陈荣祖为闽南各地造桥修路、施药治病、求雨赈灾，成为备受百姓景仰的"清水祖师""清水真人""佛祖公"，原先这里的"荒山小庙"随之提升了知名度和美誉度。尤其是黄厝黄氏族人捐地建寺，并奉祀清水祖师后，立马让小庙变成大寺，逐渐让"荒山"

进阶"香山"。

黄厝捐地之举,文献记载为:依照神示献出始祖墓地。

黄厝黄氏,来自金柄,源于泉州开元寺紫云黄氏。祖上黄守恭,原为唐代泉州大户,家境殷实,拥有很大的桑园和纺织产业。按照《泉州府志》《开元寺志》等书记载:公元686年,黄守恭梦到僧人欲化其宅为寺,守恭回说"若桑树生出莲花即可"。没几天,满园桑树果然生出莲花,于是他自愿献出田宅,建了开元寺。捐出家产后,黄守恭五子分布各地发展,又都繁衍成当地望族。因此,紫云黄氏子孙自古礼佛成风,热衷于捐资捐地建寺庙。于是,才有了黄厝黄氏族人在南宋绍兴年间(1131—1162)献出始祖墓地建寺供奉清水祖师善举。

直到今天,香山岩寺还在黄氏祖地,原址不变,还在祭祀清水祖师,规模之大,位居翔安区现有寺庙第一位。

香山岩美景(翔安文旅 供图)

香山岩之所以"香",得益于三个历史机遇。

其一,香山岩寺改建的绍兴年间,是闽南为清水祖师第一次请封的高光时刻。之前,由安溪姚添等人上书朝廷请封,理由是清水祖师生前剃发为僧,苦行修炼,死后"本州岛亢旱,祷祈感应"。绍兴二十六年(1156)三月,礼部批示福建路转运司派人调查核实，认为符合有关敕封条文，并于隆兴二年（1164）下牒敕封清水祖师为"昭应大师"。

其二，香山岩寺改建期间，又恰逢朱熹担任同安主簿。据清光绪二十七年（1901）郑锦文等人撰写的《重修香山岩佛祖宫序》：

> 朱子簿同时来游斯地，诸山之草木皆香，乃改荒山为香山。

朱熹于绍兴二十三年（1153）首仕同安，前后待了五年，期间曾经循着小盈岭古道，游遍鸿渐、香山等地，相传还留下一幅千年无人能对的上联：

> 香香两两[1]

关于香山之名，是否真的来自朱熹，史学界历来有不同说法，"翔安文旅"官号之前在《朱熹在翔安》也有详细解读。比如，嘉庆版《同安县志》就记载为：

> 香山亦距县四十里，山巅有石状如香炉，晨夕云烟袅绕，旧名荒山，明邑令朱徽改今名。

另据香山岩斋房遗址出土的石碑考证，明洪武九年（1376）已有"香山岩"之名。

---

[1] 被誉为千古绝对的"香香两两"，有人对出了"简简单单"。前"简"，是简单的简，后"简"是书简的简；前"单"是数词一，后"单"是量词单据（摘自微信公众号"绿汀文萃"）。

其三，2003年新设翔安区，全力打造香山景区，进一步华丽转身。

大多地名之蜕变雅化，不仅仰赖着时光飞逝，还必须有名人效应加持，更重要的是地理变迁。比如"集美"，在元代陈氏宗祠厝志铭就已出现，中间又有明代进士陈文瑞提出雅化，但直到民国初期，不管是官方文件还是民间契约，仍然顽固称之为"浔尾"；一直等到集美学村成名之后，方才成功更名集美。

强调雅化"集美"的陈文瑞，就曾来香山岩读过书。

据民国版《同安县志》记载：

> 朱子簿同时，已有登眺之迹，手书"真隐处"三字，在寺后山麓，半被凿坏。

于是，明正统年间，时任同安县令朱徽在香山岩寺南侧创建了纪念朱熹的"徽国文公祠"[1]，该祠曾作为"香山书院"。吸引了不少读书人到此游学。仅在《东园张氏族谱》中记载的，就有明代的东园张及我、集美陈文瑞、县城周家椿、大嶝张廷拱、金门许钟斗和蔡复一、澳头蒋芳镛、东市林一柱、莲花叶成章、浯江李扬虞等名士来过。这其中，除了张及我，其他九人全部高中进士。张及我虽然不第，但能与他们并称"十盟友"，一样不俗。

---

[1] 徽国公为朱熹爵位，因其祖籍徽州婺源而来。

香山岩真隐处石刻（翔安文旅　供图）　　香山古道（翔安文旅　供图）

可惜的是，传为朱熹手书的"真隐处"石刻，被一位清代郑姓读书人篡改了。此人在"真"字右边加了耳旁，凿成看似"郑"之繁体写法的"鄭"字，试图改为"郑隐处"。

本想青史流芳，实则遗臭万年。

至于"荒山""香山"之名，闽南语本就谐音，到底是何人何时所改，真相有时候并不重要，关键在于是否遗文留韵，馨香久远！

翔安境内的水陆兼办驿道

我国自周代就设有邮驿传递军事情报，到唐朝时站点就已基本遍及全国。但就闽南而言，直到宋元时期，才有完备的驿道系统，大体分为陆驿、水驿及水陆兼办三种。

在古代翔安区境内，除了多数人熟知的泉漳驿道，还有一条鲜为人知的水陆兼并驿道，设有下尾店、圣林、刘五店三铺。

由乾隆版《马巷厅志》刊刻的该厅舆图可见，通往漳州的官方陆道，从小盈岭驿铺下山，经鸿鼎、沙溪、内塘保、店头、曾林、石茂岗、沈井铺、洪坑保、三忠保后，直奔同安，延伸入漳。

鸿鼎，应为宏鼎保之笔误，清属绥德乡九都，大致范围在今天的马巷朱坑以及内厝前坡、鸿山、后坡、黄厝、许厝、新安等一带。

沙溪，名字不变，现为内厝镇上沙溪、下沙溪。

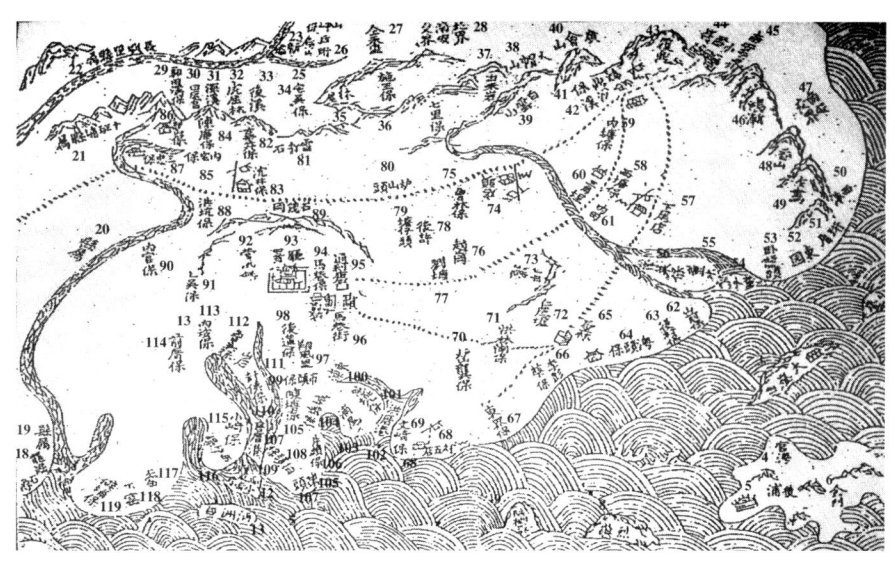

清乾隆版《马巷厅志》马巷厅舆图

详查马巷厅舆图，以小盈岭下的鸿鼎、沙溪为起点，也就是现在的翔安中部和南部，还有几条支线。

其一是经下尾店—蓬莱保—圣林，沿海线走李彭蔡保，经东界保到刘五店。内陆线则转洪林湖，经炉山龚保到马巷街。

这一条的靠海主线，就是水陆兼并驿道了，曾设有下尾店、圣林和刘五店三个驿铺，从刘五店下海直达厦门岛，然后通往台湾乃至外洋。

1722年，清政府首任台湾巡查御史黄叔璥，赴任时走的就是这条道。在台任职期间，黄叔璥安辑流亡、博采舆论，清正廉明，有所作为，因而留任一年。他著有《台海使槎录》，内分《赤嵌笔谈》《番俗六考》《番俗杂记》三篇，对台湾风土、诸番、民俗、物产等多有记载。该书详细记载了清朝水师营在钓鱼岛海域的巡航情况，是钓鱼岛归属中国的铁证之一。

前面说到，明代在原有"两驿十二铺"的基础上，又设水陆兼办八铺。到了乾隆二十六年（1761），仅保留金门和厦门的两个和凤铺，其余六铺裁废。改设下尾店等六铺。

下尾店铺，位于现在的内厝镇霞美店自然村。蓬莱保，清属绥德乡十都，大致为今天的吕塘、大宅、茂林、东园、霄垄、珩厝、莲前村一带，相当于现在的香山街道辖区。

经新旧地图反复比对，并根据闽南语谐音和当地文史爱好者研判，圣林铺应为原属新店、现归香山街道的西林。李彭蔡保，清属绥德乡十四都，大致为今天的蔡厝、彭厝、浦园、前浯社区一带。

清乾隆版《马巷厅志》马巷厅舆图局部

在圣林铺，这条官道另开了一条支线，转洪林湖，经炉山龚保到马巷街。

洪林湖，即洪琳湖保，清属明盛乡十三都，大概范围在今新店、东坑、湖头、洪厝、洪前、钟宅等社区一带。

炉山龚保，清属十三都，大致是现在的炉前、下后滨、下许、垵山等社区范围。

在圣林铺分开的两条支线交汇处，造就了新店昙花一现。或许，也为今天的繁荣埋下伏笔。

虽然圣林铺属于小道小铺，且设置时间不长，但对于新店的发展，起到很大作用。因为有驿铺，使得原有的民间小路变成官方道路，北连驿道，南通海路，尽享水陆运输之便。尽管后来不再是官路了，但并不影响民间往来使用。

循迹泉漳古道的翔安人文

我们从乾隆版《马巷厅志》刊刻的舆图可见,通往漳州的官方陆道,从小盈岭驿铺下山,经鸿鼎、沙溪、内塘保、店头、曾林、石茂岗、沈井铺、洪坑保、三忠保,直奔同安,延伸入漳。

从宋元一直到清末,这条长达千年的官道,到底在这片古老的大地上留下了哪些人文烙印呢?

首先,我们要读懂清代的马巷厅舆图,探清这些老地名在今天的具体位置。

鸿鼎,应为宏鼎保之笔误,清属绥德乡九都,大致范围在今天的马巷朱坑以及内厝前垵、后垵、鸿山、黄厝、许厝、新安等一带。

沙溪,名字不变,现为内厝镇上沙溪、下沙溪。

内塘保、店头,也就是现在的莲塘村,写法虽已美化,但当地人还是称之为内塘,店头现为莲塘下辖自然村。

至于曾林、沈井铺、洪坑保、三忠保,乃现在马巷的三个村以及隶属同安洪塘的一个村。

泉漳驿道入同后的小盈岭、鸿鼎、沙溪、内塘保、店头，都在现在内厝镇。该镇现辖1个社区、16个行政村，分别是上塘社区、前垵村、后垵村、黄厝村、许厝村、莲塘村、莲前村、霞美村、赵岗村、曾厝村、官路村、美山村、新安村、锄山村、琼坑村、鸿山村、后田村等。

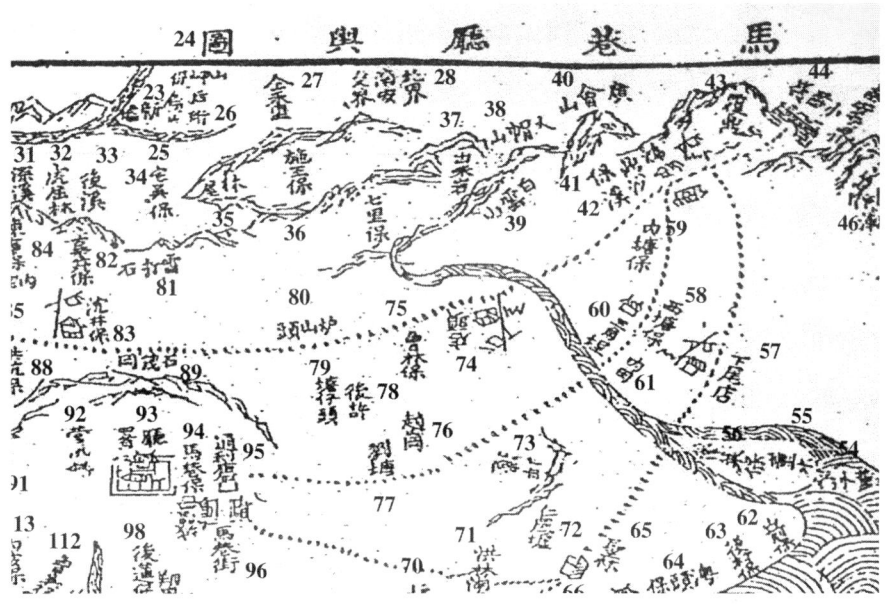

清乾隆版《马巷厅志》马巷厅舆图局部

奇怪的是，"内厝"之名，不知为何没有沿用辖区历史上的美名、雅名，比如盈岭、鸿渐、三魁、福鼎、宏鼎等，反而取了个非常普通的名字。

内厝，源于镇政府驻地自然村名，没有特殊意义。因为内厝自然村的许姓，是在明末从一里外的西塘村迁居而来，感觉"尚在境内",所以称之为"内厝",大致是形容"还在自己厝内"的意思。

内厝镇辖区,从宋朝至民国前属同安县民安里,清乾隆四十年(1775)划入马巷厅,民国元年与马巷厅仍归同安县;1940年属民石乡,辖曾林、莲岗、霞莲、曾厝、营上、西塘、锦田、沙溪、鸿山、许厝保等;1958年3月为巷东乡。1984年4月,巷东公社更名内厝乡,一直沿用至今。

让人颇感遗憾的是,作为古代同安东部屏障门户,官道入同的首站内厝,不仅没能拥有一个美名,而且不管是在经济还是文化方面,名气都不如马巷和新店,甚至输给了新圩。

其实,这只是官道废弃后的百年历史尘埃蒙蔽所致。

这里毕竟占据官道千年,从清代地图上看,在宏鼎、沙溪、店头、下尾店、西塘、内塘等处标注有"店铺图",表示这里有店铺客栈之类的场所,在沙溪等地,甚至还曾经有过商贸小街。在这里,许多地名中带"店"字,当然也和商贸有关。比如许店,"传许姓于此开店,故名",又因闽南话"许"与"苦"同音,又名"苦店";又如霞美店,也是"杨姓明代中叶自南安华美徙此开店,故名下尾店,方言雅化为霞美";再比如店头,还是"古代同安通泉州古道经此,并于此开店铺,故名"。

单从经济发展方面而言,内厝吃亏在辖域全在山里陆地,没有靠海的港口,而且在历史上没能和新店、新圩、马巷等地一样,长期设有较大的贸易圩市。但论历史人文,内厝也是颇有"官道"的。

小盈岭就不用说了，自古以来大咖云集，人文荟萃，不胜枚举。远近闻名的马巷元威殿"池王爷"，乃厦门古代罕见的"地产神"之一，其信仰遍及闽台两岸乃至海外诸多国家和地区，其羽化之地就在小盈岭。据民间相传，"池王爷"姓池名然，字逢春，又名德诚，乃南京明代武进士。在他奉旨调任漳州府台时，途经小盈岭偶遇天使，并意外获悉天庭将在漳郡散播瘟药，裁减人口。池然一听大惊，为了拯救漳州万民，便用计从天使手中骗取瘟药舍身吞服，瞬间脸色发黑，中毒身亡。玉帝感其宽厚仁慈，不仅没有降罪，还敕封他为"代天巡狩总制总巡王"，让其为神，惩恶扬善，佑护百姓。

苏颂的祖上，古同安望族"芦山堂"始祖、五代泉州都统领军使、宋初追赠上将军和武安侯的苏益，还有明代进士、朝廷追赠为兵部尚书的蔡复一，身后都选择在古道边上长眠。苏益佳城锄山之上，蔡复一则葬于小盈岭下。

宏鼎的前垵，为清总兵施应元、武举人施雄故里。

内塘，也就是现在的莲塘，明出文举杨光堤，清有武举人林光元，还有闻名遐迩的马巷富商"林百万"林芳德。林芳德不仅是富甲一方的殷商，更是急公好义的善人，雍正七年（1729）以"遵例急公"被授予从六品的儒林郎。

黄厝，乃明代青州太守黄兵何故里。

许厝，宋代建宁府通判许衍、临江通守许伯诩故里，也是著名泥土诗人鲁藜、原名许图地的出生地。

莲前，为清代武平教谕蔡锡玉故里。

霞美，系马来西亚拿督杨朝长、杨建谒先生故里。

官路，是清代台湾府儒学教授张应聘故里。

新安茂前，是清代金门左营游击梁福星、梁国助故里，田中央自然村是爱国归侨柯朝阳先生老家。

官塘，谐音"官堂"，乃清代收复台湾的功臣梁福星府邸所在。

再往下走，就进入了今天马巷街道的曾林、沈井铺、洪坑保和同安的三忠保。

曾林每年农历四月初八的民俗活动"跑褅"，也和做生意有关，源于蒋家货郎的故事。传说明朝时，蒋家有位"卖琳琅鼓仔"走担的商人，路过沈井时，遇见两个赤条条的小孩在溪边戏水。他们缠着蒋货郎，坐在货篮里跟他回家。进村后把盖子打开，两小儿成了两尊雕像。夜里，两个孩子托梦于蒋货郎，说他们是商纣王的双胞胎儿子殷蛟、殷龙，乃"日月二大使"，可以保护村庄老少安康、五谷丰登。于是，蒋家人建庙供奉。又有一说为，两小儿乃灌口凤山庙李二郎的化身。联系故事的开头，蒋货郎在沈井看到的"两小儿戏水"的场景，不就是"水神二郎"乎？况且，沈井铺连着灌口深青驿呢，此说或许较为可信。

再往前走，市头是明万历年间金华府推官洪日观的故里；黎安则走出了明景泰年崇明知县戴永同以及清代举人林谦光、林以佃、林际春等。

内官就不用说了，这里原称邵厝，后有陈姓入住。据2012版《厦门地名志》记载，就是因为有陈家人在内廷当官，所以清代改村名为"内官"。明代廉州知县陈大廷、举人陈鸿猷，清代举人陈贯中、陈升三，闽安协副将陈上国，嘉庆年间国子丞陈显驹等显要，都是内官的。

洪坑，就在今天的洪溪村，这里在明天启年间出了举人陈尧宗，清代考出陈贻孙、陈腾蛟、陈维成等诸多举人。

同美社区，据《厦门地名志》记载为清康熙间固原副将方刘进，曾任国务院副总理的方毅祖籍地。

沈井铺，隐居过明代进士、台湾医祖沈佺期。

三忠，堪称马巷厅教化重地和人文高地。南宋德佑二年（1276）三月，蒙古军攻占临安（杭州）。张世杰率军由海路入闽，沿漳泉古道进入同安，在龙东溪畔摆设香案，面南朝拜君王，誓与元军血战到底。其朝拜之处，位于沈井铺附近，即现在的三忠村。

后来，张世杰率水军在广东沿海作战，不幸遭遇台风，罹难海波。1279年农历二月六日，元军攻破崖山，绝望的陆秀夫仗剑驱赶妻子投海，然后自己抱着幼帝步入黄泉。十余万军民紧随其后，共赴国难……

到了明代，当地民众于宋军驻扎之处建立庙宇，供奉文天祥、陆秀夫、张世杰三位忠臣，取名"三忠宫"，附近的村庄也以"三忠"为名。

从明至清，三忠宫中的文人题咏，不胜其数。尤其是数任马巷厅的通判，都对这个庙宇推崇有加。用首任马巷厅通判万友正的话来说，即：可以教忠矣。

光绪十九年（1893），黄家鼎从厦门炮捐局调任马巷通判。在他任职期间，每年都要举行"三忠王"祭典，并亲自撰写祭文。

黄家鼎曾于光绪十年（1884）代理台湾凤山知县，其间恰逢中法战争，对于"忠"的内涵及其重要性，黄家鼎有着常人难以企及的体会。上任伊始，黄家鼎还着力为同安忠臣名士李长庚、邱良功、陈化成、邱联恩四人立祠奉祀，名为"四忠祠"。为了让乡人以古为镜，黄家鼎主持修撰《马巷厅志》，并在序言中一针见血地写道：

> 马巷东南面海，为金门、烈屿、槟榔屿楼橹所指，适当其冲。自郑氏降、蔡牵灭，烽堠不举者几将百年，今则万国通商，海禁尽弛，电灯若镜，铁舰如梭。其海防一门，尤当思患预防，绸缪未雨，以基隆为前车之鉴，壮厦岛后路之威……

光绪二十年（1894），黄家鼎在《三忠庙春祭文》更是高声疾呼：

> 人孰无死，命靡有常。能持节义，始永馨香。
> 存亡胡恤，成败何伤。煌煌史策，屹屹城隍。
> 人孰无死，命靡有常。能持节义，始永馨香。
> 存亡胡恤，成败何伤。煌煌史策，屹屹城隍。
> ……

令人扼腕叹息的是，就在这一年，清廷甲午海战失利，台湾被割让；四十多年后，厦门沦落日寇之手。

所幸有那烈烈忠魂，随着那三忠之水出洋入海，流淌万方。他泽被后世，激励着吾土吾民，睡狮猛醒，驱除黑暗，开辟崭新的盛世！

正如清代厦门诗人王步蟾在三忠宫所吟：

> 精诚可质古圣贤，
> 成败利钝何足齿。
> 六百年来几沧桑，
> 闻风犹使人兴起。

沙溪至马巷驿道

1775年开始设置的马巷厅，管辖范围相当于现在的翔安区大部分和金门县全部。与今天的辖地相比，多了洪塘三忠等地（现属同安区），少了一个新圩北部（原属同安县长兴里）。

细看乾隆版和光绪版《马巷厅志》刊刻舆图，清代马巷厅陆上古道，主要就是三条主干：一是小盈岭到三忠宫的驿道；二是沙溪到马巷的驿道；三是沙溪到刘五店的驿道。

三条路线合起来就像当地的番薯，小盈岭为上部藤，马巷街为底部根，构成地瓜型中心区域。

本文主要探寻沙溪—马巷的驿道。它的起点位于现在的内厝镇前垵村，小盈和沙溪现为该村下辖自然村。沙溪以地势高低分为顶沙溪和下沙溪，前者已在几年前征拆。除了上述三个自然村外，前垵村还辖有前垵、洋坂、美洋、蔡宅、小路边等自然村落。

为古同安赢得盈岭古寺"飞地"的著名秀才孙金榜，就是这个前垵的。

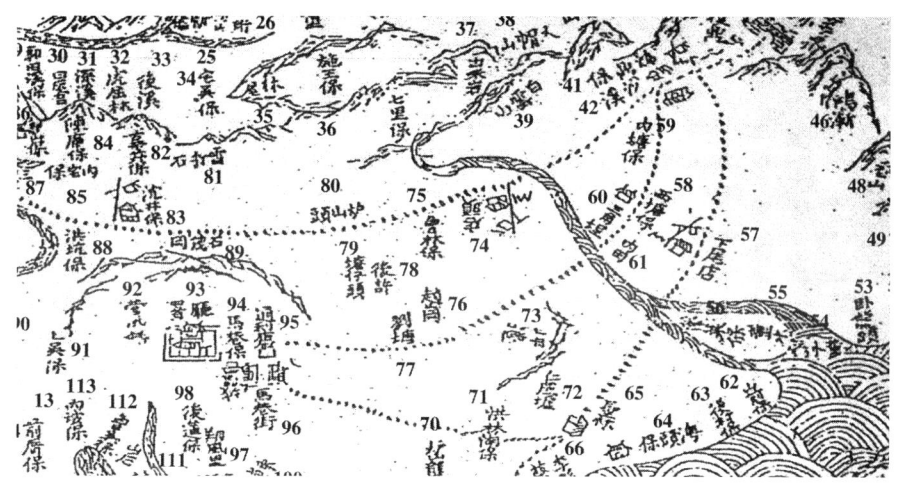

清乾隆版《马巷厅志》马巷厅舆图

沙溪—马巷古道途经内塘保、西塘保、三角埕、内田、坪边、赵岗、刘塘，直达马巷通利庙，原为乡道，设置马巷厅后升级为官道，曾设有三角埕和厅前两个驿铺。

沙溪—马巷古道横跨九溪流域，自古就是一条重要的经济交通线。

由于小盈岭位居山巅高处，且有朱熹之"同民安"爱民牌坊、郑成功之抗清碑刻、观音之古寺，外地游客往往止步于此，略过了山下的沙溪、小盈等古老村景。

从乾隆版马巷厅舆图可见，在"沙溪"这个地方，道路两侧标注有店，且有"店旗"飞舞，表示该处有客栈商铺形成的小集镇。

司空小月在《访翔安小盈岭关隘》一文援引史料说："晚清厦门海关代理税务司荣雅国曾经说，沙溪铺是'夜宿的最佳去处'。"

清代雍正年晋江捐贡、曾任广东普宁知县的黄道泰回乡时，也选择在小盈岭歇息，并留有诗篇云：

> 南同分界处，
> 岭路辨东西。
> 地僻村墟迥，
> 山深草木齐。

黄道泰诗里的"村墟"，就是乾隆版马巷厅舆图标识的沙溪古街了。沙溪古街位于原来顶沙溪自然村，就在最近建成的机场高架互通位置。可惜的是，顶沙溪在几年前已整村拆迁，下沙溪古迹遗存较少。

鸿渐水库（清风内厝 供图）

因为有着小盈岭、盈岭古寺、沙溪等古道遗迹以及鸿渐山、鸿渐水库等生态资源，该村这几年推出了"古韵前垵"文旅品牌。漫步村中，寻觅驿道遗迹，穿越时空，知会历史过往，倒也别有一番滋味。

往西再走，就到了内塘保，名字雅化为现在的莲塘。在这个村，明代考出了文举杨光堤，清朝培育了武举人林光元，马巷历史上十分著名的富商林芳德，号称"林百万"的，就出自内塘。

莲塘村辖莲塘、宏路、东光、店头4个自然村，村里拥有莲塘小西湖、宋江阵文化广场、店头古老驿铺等文化遗产，与周边的琼坑、锄山自然生态和人文景观相融合，形成了一条内厝文旅动线。

西塘现为自然村，因村西有大池塘而得名，与上塘、顶内田、蔡厝口、内厝等5个自然村同属内厝镇上塘村。

内厝莲塘（清风内厝　供图）

三角埕曾设有驿铺，按照乾隆版地图位置以及内厝当地人帮忙研判，这个地方各村叫法不一，西塘人称之为"大埕"，早期划入军事用地。三角埒位于翔安母亲河九溪的两大支流之间，东临莲溪、西至内田溪、北抵莲塘村、南达西塘村，是一块地势明显高于附近村落的千亩旱地，地貌呈三角形，故名三角埒。旧时取水灌溉不便，种地只能靠天吃饭。

三角埒对面的内田还有横跨九溪往下的坪边，现为马巷舫阳社区下辖的两个自然村。再往下走，就是赵岗了。

到了赵岗，就不得不提风靡闽台两岸的宋江阵了。宋江阵，又称"套宋江"，系国家级非遗项目高甲戏的前身。"套宋江"以武术表演为主，人数可多可少，一般有36人、72人、108人三种，主要扮演宋江、卢俊义、公孙胜、李逵、孙二娘、武松、阮小二等《水浒传》角色，一般出现于重大节庆活动和迎神赛会，表演时气势磅礴、阵势壮阔、威武壮观，颇受百姓喜爱。

起初的套宋江只表演武打动作，没有唱、念、道、白，后来发展到有些简单的故事情节，但仅局限于宋江的故事，所以被称为"宋江戏"。一直到清朝道光年间，由两个艺人合办戏班文武戏兼表演，才突破局限，开始演些历史演义小说的剧目。因为戏班名为"合兴"，戏也称为"合兴戏"，成为一种区别于"宋江戏"的表演形式。至清末"合兴戏"与"宋江戏"逐渐合二为一，又吸收了其他剧种的唱腔和表演艺术，水平有了很大提高。由于演员身穿盔甲表演，故称之为"戈甲戏"，俗称"九甲"，20世纪50年代，正名为"高甲戏"。

关于赵岗宋江阵的起源，有人认为可追溯到明嘉靖年间。由于朝政腐败，匪盗四起，尤其是日本海盗的血腥侵扰，令人"谈倭色变"。赵岗王姓出自唐末义军，自古就有习武之风，于是组织乡勇奋起反击。后来倭寇平定，赵岗尚武之风沿袭下来，在日常操练时开始走向表演形式，并逐渐融入梁山忠义的故事。

我认为赵岗的宋江阵与村庄的名字也有某种关联，按照2012版《厦门市地名志》记载：

> "赵岗"原名"逃缸"。村中王姓是在元代从晋江珩墩迁入的。原住附近穆厝，因打死官差，全族遭剿，幸好有一孕妇脱身，藏身村外的一口大缸内逃过劫难。这个孩子生下来后，又在此繁衍成族，便以"逃缸"为村名。后代觉得这个名字不好，利用闽南语谐音雅化为"赵岗"至今（又写作"赵光"）。

赵岗邻村的刘塘，又名"漏塘"，就没那么幸运了。这个地方以前也有过几个居民区，后来因为种种原因消失了。据当地人介绍，刘塘原村落大致范围在现在的集立公司，如今地下仍然埋着墙基砖瓦等遗迹。在其边上，有马巷后许人开拓的一个小聚落，因要强调区别于刘塘，所以称之为"新厝"。

这就像唐代诗人刘禹锡所吟：

> 沉舟侧畔千帆过，
> 病树前头万木春。

沙溪—刘五店水陆兼备驿道沿海主线

清代马巷厅乃至翔安区中南部历史上的官方陆上交通网，主要由三条驿道及其支线组成，亦即小盈岭到三忠宫驿道、沙溪到马巷的驿道、沙溪到刘五店的水陆兼并驿道等。

沙溪到马巷以及刘五店的驿道比较特殊，应该和马巷厅的设置有很大关系。后者属于水陆兼并驿道，所以在历代《同安县志》中有所遗漏，就连乾隆版《马巷厅志》也没记载。

在光绪版《马巷厅志》记载的"铺递"中，除了乾隆版马巷厅舆图标注的小盈岭铺、店头铺、沈井铺、下尾店铺、圣林铺、刘五店铺等驿之外，还记载了厅前铺、三角埕铺、后浦铺三驿。

厅前铺，顾名思义，就在马巷厅衙署之前；三角埕铺，在莲溪和内田溪交汇之处，都在沙溪到马巷的古道。

明代同安县在原有"两驿十二铺"的基础上，又设水陆兼办八铺。乾隆二十六年（1761），保存了金厦两个和凤铺，其余六铺裁废；改设下尾店、圣林、刘五店、五通、句塘、金鸡亭六铺。但"不久又废，再改设金门渡口、石浔二铺，连同旧有金厦和凤二铺，仅存小道四铺"。

后浦铺，应为金门岛后浦，原设两名铺兵，乾隆四十一年分了一个到厅前铺，仅剩一个。其余各铺，大多为二到四名铺司兵。各铺食银也就是薪水也不一样。厅前、店头、沈井等铺较高，年薪八两多的白银；三角埕、后浦、下尾店等铺较低，年薪只有三两多银子。奇怪的是，发薪部门也不一样，厅前、后浦和沈井的铺司兵饷银由同安县拨付，其余各铺由马巷厅承担。

从乾隆版马巷厅舆图可见，沙溪到刘五店的水陆兼并驿道经下尾店、蓬莱保，到了圣林后分成两道：

沿海线走李彭蔡保，经东界保到刘五店；
内陆线则转洪林湖，经炉山龚保到马巷街。

那么，这些古地名在今天的什么地方呢？

下尾店铺，位于现在内厝镇霞美店自然村。

蓬莱保，清属绥德乡十都，大致为今天的吕塘、大宅、茂林、东园、霄垄、珩厝、莲前村一带，相当于现在的香山街道辖区。

圣林铺，大致为香山街道的西林一带。

李彭蔡保，清属绥德乡十四都，大致为今天的蔡厝、彭厝、浦园、前浯社区一带。

东界和刘五店名字不变，就在现在对应的两个自然村落。

洪林湖，即洪琳湖保，清属明盛乡十三都，大概范围在今新店、东坑、湖头、洪厝、洪前、钟宅等社区一带。

炉山龚保，清属十三都，大致是现炉前、下后滨、下许、垵山等社区范围。

我们先走沿海线。

从沙溪出发，顺着驿道，我们首先来到下尾店铺，也就是现在的内厝镇霞美村。它位于九溪中下游，辖有下美店、塘头、后坑3个自然村。村里目前依然以传统农业为主导产业，全村耕地面积近1900多亩，主要以种植胡萝卜、马铃薯、葱、番薯等农作物为主，另有芭乐、火龙果、百香果、玫瑰花等花果种植业。其中，从台湾引进的芭乐、黄金百香果等果实硕大，清爽甜脆，吸引了不少游客前来游玩订购，体验采摘乐趣。

霞美店村（清风内厝　供图）

霞美店自然村古迹主要有清代杨氏家庙，系著名华侨、马来西亚拿督杨朝长和杨建谒的故里。

从霞美店往南，经过九溪，就是蓬莱保了，也就是现在的蓬莱路一带，隶属于2021年4月由新店街道析置的香山街道。香山街道范围大部分与古时蓬莱保重叠，下辖吕塘、茂林、大宅、沙美、东园、珩厝、霞浯、霄垄、莲河、大学10个社区。辖区内现有省级风景名胜区香山风景区、著名高校厦门大学翔安校区、闽南佛学院下院、"全国一村一品示范村"大宅社区等特色资源。

吕塘村景　　　　　　　吕塘溪流

圣林铺，大致为现在的西林一带，属于古时蓬莱保内。

同属蓬莱保的吕塘村，以古树和古碑而闻名，也是戏曲之乡，村中保有200多株明代栽种古松。西林自然村是明代太监、通政使柳智故里，留有《南监重修柳氏先茔墓表》碑记。为太监立碑本来就少，留下碑文的更是少之又少。

柳智曾任的通政使在明代为正五品，主要负责传达帝命、通达下情、关防诸司出入公文、奏报四方臣民建言、申诉冤滞或告不法等事。柳智入宫六十年，历英宗、代宗、英宗、宪宗四朝，曾任大善殿簿文、南京针工局事等职。为官期间，他体恤民间疾苦，每到一处都捐银修桥铺路，致力于公益事业。新店溪尾至蔡塘一段5里长的三合土溪岸，就是柳智牵头建造的，非常耐用，一直用到1972年才被重新加固。

董水前自然村是清代侯官教谕郭圣科故里，有明代浙江按察使蔡贵易墓葬及"望洋阡"墓道坊。

在这附近的沙美村，保留有彭友圃组织的农民协会活动旧址，这里20世纪30年代曾是红色革命的根据地所在，现为厦门大学翔安校区驻地，已是一处颇为繁华的社区。

再往前就是珩厝，为清代连江教谕王陞、王峙故里。村里有百姓自发修建的"爱国军庙"，供奉着为解放大嶝、小嶝、角屿三岛而牺牲的解放军战士。

历史上的蓬莱保，因地处九溪之畔而备受滋养。今天的吕塘，主打"三古一溪"特色，推出了古树、古厝、古戏和九溪乡村游，荣获福建省"十大最美乡村"美誉。

跨过溪流，到了旧时李彭蔡保，清属绥德乡十四都，大致为今天蔡厝、彭厝、浦园、前浯社区一带，分属新店和金海街道。

顾名思义，所谓"李彭蔡保"，说明在古时候，这个地方以李、彭、蔡等姓为主。

现为金海街道的浦园，乃明代进士、曾任监察御史和四川佥事的李庸以及同为进士、曾任礼科给事中的李献可故里。浦园还是著名侨乡和金胞、台胞祖籍地，海外侨胞超过2000多人。金门古宁头李氏始祖李应祥，就是在明代永乐元年从浦园村迁居过去的。

蔡厝树包塔（翔安文旅　供图）

新店街道的蔡厝社区，下辖后头、后珩、埔边、后坑、梁厝、岑兜以及蔡厝等自然村。是明代河南鹿邑知县蔡士达、兴国县令蔡钟友、举人蔡国辉的故里。

在蔡厝村东面，是通往大嶝岛的新嶝路，道旁有一个"树包塔"奇观，远看是一棵大榕树，近观方知另有天地，老树身子居然包裹着花岗岩实心石塔，底径4米上下，塔身11米高，呈圆锥状，顶尖有貌似毛笔的石柱。该塔俗称"文笔塔"，乃祈求村庄文运兴盛而建，据传为大嶝洋塘的张廷拱所建。

蔡厝蔡氏源自金门琼林，乃明代进士蔡献臣故里，是一个文风鼎盛的村落，明代隶属同安县翔风里平林。万历十七年（1589），蔡献臣中了进士。他为人清介亮直，多次被罢官。天启年间（1605—1627），福建巡抚邵维琏以"献臣学问纯正"为由，奏请召献臣为南光禄寺少卿，并把献臣的故乡改名"琼林"，自此天下闻名。

石塔建成后，有鸟儿将榕籽随粪便拉在塔身，随着岁月增长而顽强生长，最后形成树在塔中、塔在树里，榕中藏塔、塔中育榕的奇特景象。

虽然石塔质朴无华，但在推动当地文教方面成果斐然。不仅从蔡厝走出了不少贤才，在它不远处的后村，也是远近有名的民俗文化基地和重视教育的典范乡村。后村原名"后仓"，自古就以曲艺闻名于当地，素有"曲窝子"之誉。当代书法家郭勋安就是这个村的。早在2002年，他们就建有"后村文化园"，开展高甲戏、芗剧、南音、车鼓弄、拍胸舞等民间曲艺研习活动。此外，后村还是厦门较早成立教育促进会的村庄之一，年年开展奖学助学活动，数十年来从未间断。

现为金海街道的彭厝，就是抗美援朝功臣、交通部原部长彭德清将军的故里了。

东界石塔（翔安文旅　供图）

这里的彭姓先民，是明嘉靖年间从金门沙美迁此定居的。源于战乱频仍、倭寇横行年代的彭氏，自古崇文尚武，名将辈出。收复台湾功臣、浙江黄岩游击彭汝灏，广东南澳守备、代理水师营参将彭夺超等著名将领，皆出自彭厝。1930年，陶铸领导厦门大劫狱的停歇点"合安堂"和松山学校，也在彭厝村里。

从彭厝沿海往西北方向再

走四公里，就是临近刘五店的东界了。东界社区现属新设的凤翔街道，辖石塘、宋洋、林头、洪坑、东界等自然村，是宋代东莞知县许巨川、明代吴江知县许全及当代马来西亚槟州首席部长许子根等名人的故里。

在这里，有一座明代石塔，它始建于明万历四十年（1612年），石构实心，六角五层楼阁式，通高8.56米，历经四百多年，至今屹立不倒。

在当地百姓心中，它是风水宝塔，佑护与激励斯民披荆斩棘，向海图强。它是导航宝塔，指引着下海人回家之路，抚平创伤，勇往直前。它更是一座人文宝塔，隐藏着爱拼会赢基因，照亮着未来通途！

凤翔东界，闪耀东方。

翔安古道

沙溪—刘五店水陆兼备驿道内陆支线

从沙溪到刘五店的水陆兼并驿道经下尾店、蓬莱保，到了圣林后分成两道：一条走李彭蔡保，经东界保到刘五店；另一条转洪琳湖，经炉山龚保到马巷街。

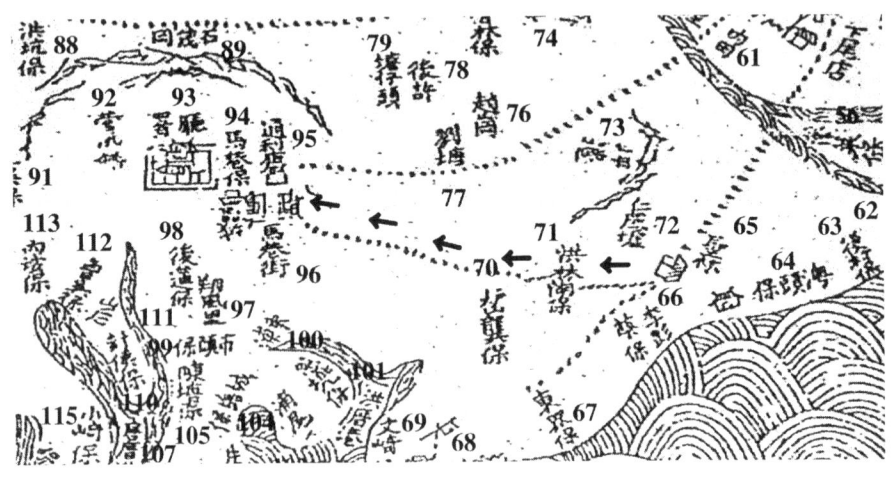

清乾隆版《马巷厅志》马巷厅舆图——水陆兼备驿道示意图

这次我们来走另一条，从洪琳湖经炉山龚保，再到马巷街的这条线。

在这条古道沿线，2021年从新店析出设置了凤翔街道，这个地名乃沿袭古地名"翔风里"而来，因要避免闽南话"翔风"谐音"伤风"之弊，便倒装过来，美化为"凤翔"。

这里的人文历史，倒也未曾辜负了凤翔的美名。

厦门两道有故事的压席名菜——同安封肉和番薯粉粿的男主角，都和凤翔这个地方有关。

让我们顺着古道，继续探寻下去。

现在的洪琳湖社区属于新店街道，设立于2015年底，乃地名文化中的"老瓶装新酒"，管辖范围为首开领翔国际、联合博学园、住宅莲花尚城等新建楼盘小区。

历史上的洪琳湖保，比现在大多了，清属明盛乡十三都，大概范围在今新店、东坑、湖头、洪厝、洪前、钟宅等社区一带。

新店这个地名，本来就是因为古道而来。早时，有人在往返东坑小码头古道开设茶站，明代又有洪厝村民到这开店经商，为区别于先前的茶店，便取名"新店"。

洪前，仍属新店街道，是明代举人康五云、清代山西平坦游击康廷良、广东抚标左营游击康朝的故里，现已为文教区，厦门技师学院、厦门海洋职业技术学院、厦门华天涉外学院、厦门南洋学院、厦门东南职业学院等高等院校驻扎村中。

东坑，原名董坑，早期以董姓居民为主，后来洪姓不断迁入并繁衍成族后，更为今名。东坑现为凤翔街道所辖社区，是清代举人洪云徒故里。东坑这个名字，这几年随着东坑湾规划美景而广为人知。

东坑湾大桥效果图

湖头村风貌建筑（凤翔扬帆　供图）

湖头，今属凤翔街道，是清泰安教谕郭省三故里，著名侨乡和台胞祖籍地之一，旅居海外和台湾的宗亲有数万人。该村以前有驰名海内外的"湖头第一米粉厂"，还有"文兴瓷"闻名于世，曾获"摩洛哥奥斯卡大奖"。这项失传已久的古瓷工艺得以再现湖头，填补了世界陶瓷业界的一项空白。

洪厝，也是凤翔街道的，是明代刑部左侍郎洪朝选、四川按察使洪邦光、武进知县洪觐光、武缘知县洪观光，以及清代荐辟直隶州同知洪秉珪、举人洪宸钦等名人的故里。村中留有五座洪氏大小宗祠以及洪朝选故居。在这个村，乃至周边一些地方，请客的压席菜与众不同，那就是一道看似上不了台面的番薯粉粿。

洪朝选故居所在

在同安、翔安，番薯粉粿又叫"芋圆"，几乎家家户户会做。它是用地瓜粉加米粥搅匀，放入油锅烙成圆形薄皮备用，也可晒干收藏；煮时拿出用水浸软，然后切成条状下锅，加入油葱、包菜、海蛎、鲜虾仁、猪肉等配料炒熟即可。若能配以厦门名产文昌鱼，则风味更佳。

嘉靖二十年（1541），洪朝选考中进士，初授南京户部主事。正当他赶着赴任时，洪母仓促间来不及摆宴，就随便抓把番薯粉粿，拌上猪油，佐于文昌鱼、海蛎等物，煮了一碗番薯粉粿为他饯行。后来在朝为官的日子里，洪朝选时常回味着远在海角的洪厝粉粿，用今天的话来说，那就是思念"妈妈的味道"了。

回乡省亲时，看着当地乡绅置办的满桌山珍海味，洪朝选始终没有多动碗筷，因为他要留着肚子吃番薯粉粿。可是，眼看压席的甜汤已上，望眼欲穿的番薯粉粿还是不见露面，洪朝选忙低声问旁人："番薯粉粿是压席菜吗？"

这一问却让乡亲们蒙了，因为如此高规格的宴席，怎么可能准备这种"粗饱菜"。但既然洪进士喜欢，好在配料倒是现成的，不一会儿他们就做出了一碗香喷喷的"炒芋圆"，端上后洪侍郎非常高兴，边吃边赞："还是番薯粉粿好吃。"

从此，洪厝一带的人家设宴请客，打头阵的必是"炒芋圆"，直到今天还保留这一习俗。不但是当地人家，就连播迁海外的华侨也相沿成俗。

无独有偶，还有一道同安封肉，也和这条古道的炉山龚保进士有关。

炉山龚保，清属明盛乡十三都，大致是现炉前、下后滨、下许、坌山等社区范围。

坌山今属凤翔街道，是明代进士、理学名宦林希元，铜山把总林万春，汤溪知县宋贞夫等故里。在山头自然村，原有林希元小时候读书的"艮斋"，后改为奉祀清水祖师的普陀岩。

山头村"艮斋"位置（《厦门晚报》 供图）

林希元（1481—1565），字茂贞，号次崖，先后当过钦州知州、南京大理寺丞、广东按察司佥事等职，在理学上有较高的成就。

"同安封肉"，相传是为纪念王审知受封"闽王"而创制，做法是将猪肉切成方块，配上佐料，用黄巾包裹烹饪，上桌时形如闽王大印。据说，林希元小时候就爱这一口封肉，怎奈家穷，大多时候未能如愿。正德十二年（1517），林希元考中进士，衣锦还乡。还是在接风宴上，林希元一直等着封肉上桌。眼看宴席已到尾声，林希元忍不住问道："怎么没有封肉这道菜？"

乡绅们一下傻了眼，封肉油腻，是寻常的配饭菜，一般不在高端宴席出现的。为了顾及进士脸面，主办者一边解释"同安封肉在最后一道，是压席菜"，一边吩咐厨房火速去准备。从此，封肉进入宴席菜单，沿袭至今，成为一道当地礼宴压席菜。

在过去，那是土菜蹭着进士出名，现在反过来了，是古人依傍名菜而扬名。

当然，比这两道菜更为珍贵的是洪朝选、林希元的高风亮节。

洪朝选一生刚正不阿，以名节自我砥砺，官至三品而家贫如故。他善为文，所作类其人有气岸，著有《芳洲初稿》《归田稿》《续归田稿》等。

林希元为官敢顶皇上，治学敢疑朱熹，堪称明清两代的"学术超男"。他的许多著作历经数百年仍受读者欢迎，近年来还有许多出版社结集出版，影响力远播海内外。

同属凤翔街道的炉前社区，原名芦前，名字中还有"炉山龚"的印迹。在清代，它是赫赫有名的武功之乡，闽安副将魏大猷、广东浔兴副将魏平、广东顺德副将魏文伟、广东虎门游击魏元、厦门后营游击魏国璜，还有金门总兵魏国泰等叱咤风云的虎将，全都出自这个村庄。

凤翔，凤翔，还真是名副其实。

文武兼备，龙飞凤翔。

附：林希元"为官敢顶皇帝，治学敢疑朱熹"

林希元是明朝人，进士出身（1481—1565，字茂贞，号次崖），出生于现在的厦门翔安区下山头村，先后当过大理寺评事、大理寺正、钦州知州、南京（北京）大理寺丞、广东按察司佥事等职，在理学上有较高的成就。

在他的家乡闽南，林希元的传说汗牛充栋，老少耳熟能详，这里简要地说说他的为官治学之道。

大理寺是明朝六部之外的审判机关，主官叫卿，丞是副官，林希元的官职相当于现在的最高人民法院副院长或刑庭庭长一职。史上说他为官刚正不阿，执法如山，不仅敢于得罪当朝权贵，而且敢于和皇帝较真，因此在仕途中三起三落，在50多岁时被权臣搞得丢了官。此后他不再被起用，转为潜心理学研究，死后葬于今天的同安，在同安孔庙内建有专祠奉祀。

林希元当官，勇于碰硬，更重要的是很会替咱老百姓着想。即使是在落难的时候，也不忘为人民办好事、办实事。据《同安县志》记载，他因为不与大理寺卿陈琳同流合污，被贬到安徽泗州当判官，刚好当时这里正在闹饥荒，灾民啸聚闹事。平民出身的林希元知道灾民的难处，没有粗暴地派兵镇压，而是采取比较温和的方式处理此事。他一边单身前往闹事的灾民中动之以情、晓之以理，一边上书朝廷求粮，并制订详细的放赈救灾条款，从根本上解决了灾民需求，在源头上拔除动乱诱因。此举不仅圆满解决了事端，而且提高了朝廷的威望。嘉靖十四年（1535），时任大理寺丞的林希元又因事忤逆皇帝，被贬到广西钦州当知州，他并不因为含冤受屈而破罐子破摔，到任后就带着当地百姓开辟荒地，他鼓励生产并开办学堂，让更多的人学到知识改变命运。感其恩德的钦州百姓当时就为他立了生祠，岁岁为他祭祀祈福。即使在晚年被罢归家乡时，恰逢同安连年旱灾，林希元仍不忘为民请命，连上三书请太守发银赈济，还亲自传授方法，参与施赈。

林希元治学敢于质疑权威，反对教条和本本主义，大胆肯定实践在认知过程的重要性。虽然他"远宗程朱，近取《蒙引》"，打从心里敬重朱熹理学，但绝不因循守旧，而是大胆质疑，敢于创新。在《改正经传以垂世训》奏疏中，他向皇帝公然抛出："朱熹命世大儒，万世所宗，所定之书似无容更改。臣窃以为不然，夫义理无穷，非一人所能尽……"并大胆提出改正《大学》经传编次意见。

他著有《易经存疑》《四书存疑》《读史存疑》等书，大胆质疑经典学说，提出新的看法。林希元还提出"沿经求道，精思力践，深造自得"的观点，批评唐宋八大家之一的韩愈"语明德不至于致知，作师说又略于力行"，明确指出认知贵在实践。他反对脱离实际的"训诂学"，提倡"文无古今，适用为贵"，直到现在还有指导意义。

林希元不仅是明代著名的理学家，同时兼具开明的海洋意识。林希元反对禁海，主张开放，鼓励沿海的民众与外国人做生意。他的言论后来直接影响了海禁政策，也造就了后来月港的辉煌。林希元还主持重新刊刻了喻时绘制的《古今形胜之图》，让中国走向世界，让欧洲人认识了中国。

水道巻

比路更古老的水道

世上本无路，走的人多了，也便成了路。

从最早的人兽自然踩踏道路开始，公路的历史可以追溯到人类社会的远古时期，然后逐渐演变成为战车、马车、汽车、火车等交通工具的通行路径。

其实，还有比这更早更长的路，那就是舟楫船舶行走的水路，其历史远远要比车路长。

车轮的发明，出现在5500多年之前。目前最流行的说法是：轮子首先出现于美索不达米亚地区，也就是今天的两河流域，随后又扩散到世界各地。还有一种说法是，轮子在全球各地先后出现，由当地的人们分别研制出来。

相传马车的发明者是奚仲，生活于4000多年前的夏王朝。这也是道路设施发展的开端。

舟的问世时间，则比车子更早一些。人类以舟筏作为运输、捕猎和捕鱼的工具，至少起源于石器时代。在20世纪90年代，浙江萧山出土了震惊中外的一艘史前独木舟。经测定分析，该独木舟建造于7000多年以前，被称为"中华第一舟"。

历史发展到今天，即便是海陆空三道突飞猛进，但水上船运仍然是性价比最高的运输方式。

在古代的翔安，又有哪些水上之道呢？

从空中俯瞰翔安大地，北倚绵绵青山，南临浩瀚大海，陆上隐隐约约分布着条条溪流。

北部有同安母亲河双溪之一的东溪支流，由东北向西南蜿蜒行进，直奔同安，与西溪交汇后直通大海。它发源于海拔590米的古宅加张尖，河长25.2千米，翔安段有曾溪、古宅溪等汇入，同安段有竹坝溪、埭炉溪、西洋溪等汇入。东溪流域面积152.7平方千米，其中同安81.21平方千米，翔安71.49平方千米。

南部有九溪，又称西林溪，是厦门市第四大河流，由内田溪、美山溪、马池溪、店头溪、新垵溪、沙溪、莲溪、内头溪、后房溪共九条干支流组成，呈大树状水系，流域面积100.1平方千米，在泽润翔安大部分土地后，悄然入海。

可惜的是，九溪大多源自北部山地，由于河流短小、河床落差大、峡谷多、水流湍急，多不能行船，可供航道运输的只有极少部分河道。尤其是中华人民共和国成立后，因九溪上游多建水库，下游围海造田，加上植被遭到一定程度的破坏，溪河淤积，溪流渐浅，至20世纪60年代末期，内河航运停止。

| 翔安古道

东溪水道上的钟山神秘部落

东溪发源于古宅村海拔 590 米的加张尖,河长 25.2 千米,翔安段有古宅溪、曾溪、新圩溪等聚合,同安段有竹坝溪、垵炉溪、西洋溪等汇入。

东溪——古宅溪(黄坚定　摄)

虽然车问世已有五千年，但车与车道，在多数地方尤其是乡野农村，即便是到了百年前的民国，依然是寻常百姓难以拥有和使用的奢侈品。而自然的水路，还有人人动手可得的简易竹排、木筏，无疑是性价比最高的交通运输方式。

2016年，有人在古宅溪畔捡到商周时期的石锛，至今已有3000年以上历史。按照古宅出土的这个石锛大小和形状看，应为有段石锛，是古人用来开凿木舟的工具。

在古宅石锛出现的地方往南5千米外，也就是东溪支流曾坝洋溪畔，就有一个新石器人类活动遗址，位于新圩镇乌山村钟山林地。

1973年3月，当地农民在钟山墓葬区开荒时发现一柄石戈。石戈呈舌状，通长13.3厘米、宽6.6厘米、厚0.9厘米，顶部有一圆孔，直径0.6厘米，援部较宽，锋部夹角略大，为灰白色页岩，磨制规整。石戈原本是劳动生产工具和武器，前锋锐利，便于啄击，下刃有利于钩割，上刃有利于推挡，前锋与上下刃结合，便于砍劈，装上长柄，杀伤力很强。

一般人认为它是兵器，是战争出现的标志。但据专家研究发现，实际上在更多的场合，石戈是作为权力、地位的象征和祭祀的仪仗出现的。

1987年，福建省文物考古队又在东西两坡采集到残石器2件、残陶圈足1件、灰色印纹硬陶和灰色印纹泥陶片等36件。这一年，我在附近的同安四中上学，经常躲到钟山遗址的树林里读书，地上偶见古时陶片，常见暴雨冲刷后裸露出来的古墓葬和枯骨。

受限于当时各方面条件不足，新圩钟山遗址并未进一步挖掘。综合厦门其他类似遗址判断，钟山新石器聚落应为商周时期遗址，生活在这里的古人类，就是"善舟楫、习水性"的百越先民。

古越人是远古时代世居南方的古老族群。越部落习惯傍水而居、好水斗、善于驾舟行筏，还有断发文身的习俗。

钟山遗址相对高度约50米，东西长约400米，南北宽约200米。它是一处被曾溪、新圩溪、后溪、曾坝洋溪等水系环绕的山包，古时在家门口即可乘舟远行，直通大海，非常符合古越人的选址要求。

公元前111年，汉武帝以"闽越地势险要，越人彪悍多反复"为由，下令"悉徙其众于江淮之间"。大批的闽越宗族和军队被迫迁往江淮地区，即长江与淮河之间的区域，大致在今河南南部，江苏、安徽淮河以南，长江下游以北一带。其他闽越人有些逃入山中，有些则出海逃到附近岛屿，成为后世的"岛夷"或"山畲水疍"。

闽越人走了，中原人来了。

686年，黄肇纶带着家人从泉州莲花寺（今开元寺）出发，跨过绵绵群山，依然选址在东溪支流的金柄溪畔安家落户。其后，子孙繁衍不息，顺着东溪上游水系分散于现在的古宅、后埔、后亭、田中央、新圩等处拓荒。之所以逐溪而居，除了农耕需求之外，利用自然水路解决出行和运输，应该也在黄氏先民的考虑范围内。

据古宅人代代相传，古时候村里的溪面比现在宽阔多了，水也较深，小船可以从这里出发，直达同安，奔向大海。

清康熙版同安县境图

从清初地图上看，厦门史上第一道，亦即初辟于西汉时期的罗田（古宅山根）至豪岭（同安禾山）古道，前半段基本与东溪水道平行：从古宅经后亭、山头、后垄、行宫、五显等村社后抵达同安，直至与西溪交汇之处。

看来，闽越王郢所开辟的兵道，还是循其先人足迹，也就是跟着古越人曾经走过的水道而来。

九溪水道

在翔安区现辖范围内，除了位于新圩的东溪上游外，那就是九溪流域了。2007版《厦门水利志》记载：

> 九溪（又称西林溪），为厦门市第三大河，由内田溪、美山溪、马池溪、店头溪、新安溪、沙溪、莲溪、内头溪、后房溪等九条干支流组成一树状水系，故称"九溪"。主河道长20.55千米，流域面积101平方千米。

所谓"九溪"，应为近年来才有的叫法，在光绪版《马巷厅志》卷二《川》中的篇幅极短，只有寥寥数行，至于溪流，只记有一条：

> 莲溪在厅东十里，发源鸿渐山，自民安里萧外村，经蔡塘；又一发源东大帽山，经长兴、同禾二里，合于林溪、宝溪，经崑岭、登连，与蔡塘会流，至董水村，

过通济桥，东入于海。

在乾隆版马巷厅舆图中，中部有一条溪流，自西北向东南，从七里保到蓬莱保，在此分流环抱后由董水入海。这就是厅志记载的莲溪，也就是现在的西林溪或九溪了。

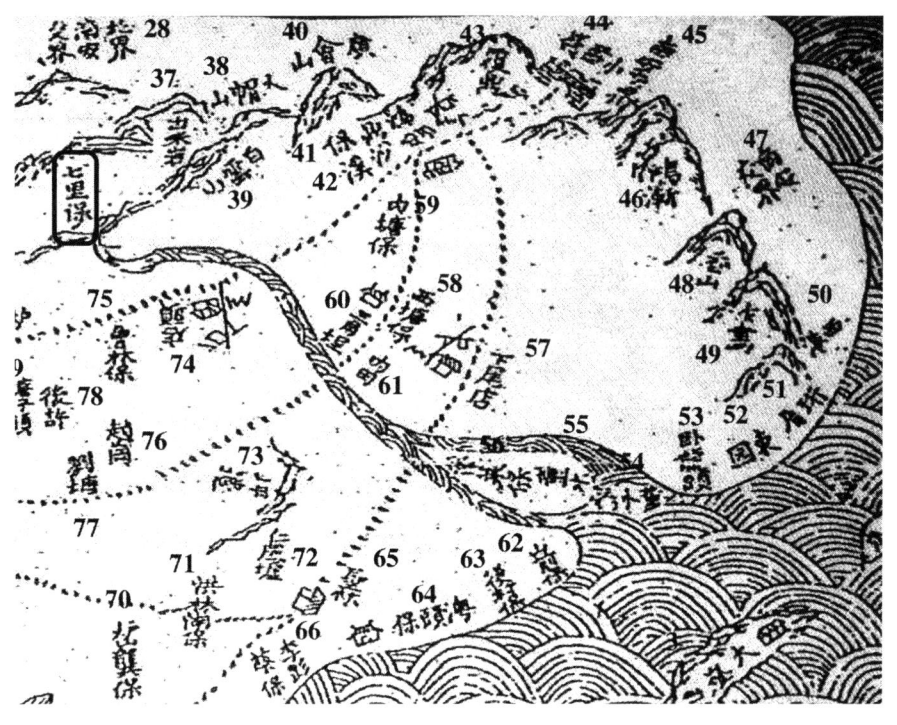

清乾隆版《马巷厅志》马巷厅舆图

从地图看，七里保位居上游顶端，顺流而下，横跨马巷厅三大主道，辐射大半个厅治范围，形成完整齐备的水陆交通网络。在汽船汽车尚未问世，畜力车乃至公路短缺的古代翔安，这无疑是一条十分宝贵的黄金水道。

七里，现为新圩镇桂林村下辖自然村。所谓七里，指的是此地与官道距离七里路，故名。

为何特别强调与官道距离？这必然是有着某种关联的。

桂林村清属同禾里六都七里保，1943年属民石乡桂林保，1950年为桂林乡，1984年为新圩桂林村委会，辖七里、后寮、园下、草埔宫、前边、桂林等6个自然村。

所谓"桂林"，那是美化后的地名，本来是叫"鬼林"的。

当地古代民谚云：沙溪七里口，无风沙自走。这指的是从沙溪到七里这一带处于风口，种植松林不易长大，俗称"鬼林"。

又一说为：当地村民常到松林里扫落叶，随身背的柴篮就挂在路旁树上，人称"挂篮"。在当地方言中，"鬼林""挂篮""桂林"三词基本同音，后面就雅化为"桂林"了。

在七里东边，就是当地著名寺庙"出米岩"。据光绪版《马巷厅志》卷二所载：

> 出米岩，在民安里八都，山顶上有岩。宋幼主驻跸于此，有石穴出米，以赡军士。乾隆四十年间，鸠金重建，庙宇巍峨。山后有五议洞，相传为五臣议事之所。前有宝盖峰、御罗石、圣泉水、饮马池诸胜。

所谓出米岩，就是传说可以出米的岩石缝，类似荒诞的神迹并不鲜见。厦门岛上、莆田仙游还有桂林等地，也有类似翔安出米岩的所在和故事。之所以代代有人热衷于编造和抄袭如此离奇的秘境，目的不外乎是博取眼球和流量。当然，这也有一定教化作用，比如仙游和翔安的出米岩，都以贪心和尚搞破坏的故事，圆上为何现在看不到出米的传说。

几个地方的故事都是如此这般的。话说：本来是这里来多少人，岩里流出多少米，刚好够吃，肯定管饱的；不料来了一个贪心和尚，嫌石穴出的米太少，想把石穴弄得更大点，流出更多的米换钱。没想到被和尚这么一捅，米洞反而被堵死了，再也流不出一粒米。

这就是当地歇后语所说：出米岩和尚——想要多，连少无。用以奉劝世人，必须克制贪欲，不然啥也得不到。

在出米岩东侧有个乌营寨，原有东西两寨，体量庞大，现存西寨遗址占地就达 30 万平方米。

关于乌营寨，据说创建于宋仁宗时期，当地民间还流传着杨文广攻打乌营寨的故事。寨址位居群山的制高点，据说当年追随宋幼主赵昺的军队，也曾在此设置瞭望哨，并埋下伏兵。

在桂林还有一处比较小的，始建于明代的金排山寨，与乌营寨遥相呼应，互为犄角。当地人传说，两寨寨主为姐妹。以开山寨主论，当然在时间上是对不上的，但是否存在于某个时间段里，真有姐妹俩各自控制一寨的，那就不好说了。若以建寨时间顺序和空间大小，称之为"姐妹寨"也未尝不可。至于驻扎寨里边的历代兵将，恐怕是官匪皆有，善恶难分了。

在乌营寨的北侧，就是革命老区锄山村了。

早在 1931 年，这里就建立了锄山地下党支部，贯通了中共晋（江）南（安）同（安）地下交通线；1937 年成立了锄山抗日民族先锋队，队伍一度达到 400 多人；1938 年还专门设立了缉私队，在同安沿海一带捉拿、查扣与日寇勾结的走私船只。革命者们以锄山为据点，奔走于晋江、南安、同安三地之间，与日寇、汉奸和国民党反动派展开了不懈的斗争，一直持续到同安解放。

说了这么多关于七里一带千百年的往事，就是为了说明一件事：七里这个地方，在历史上和地理上是占有一席之地的。

所谓翔安九溪，主流是内田和莲溪。

2007版《厦门水利志》记载：

> 内田溪经后辽、桂林、新厝后，与店头溪、美山溪合流，至朱坑与莲溪汇合，河道总长12.9千米。支流店头溪发源于新圩白云飞，自北向南流经琼坑、店头至莲塘转向东南，至内厝与马池溪汇合，至赵岗与美山溪汇合，最后汇入内田溪。
>
> 莲溪上游为上沙溪，发源于鸿渐山，自南向北流经后垵转向东南，再经洋坂、巷东农场后于内田溪汇合；至后田有下沙溪汇合，始称莲溪；至上塘有上塘溪汇合，至后房有后房溪汇合，经霞美、蔡塘、溪边等村，河道长10.2千米。下沙溪则发源于乌营寨山，流经下沙、小路边至官塘与新安溪汇合，在官塘下汇入上沙溪。
>
> 内田溪与莲溪于朱坑汇入九溪干流，再经西林、溪尾、吕塘、董水前等村，至蔡厝码头出海。

所有这些涓涓细流，就像密布翔安古老大地的血脉，滋养着这一方的水土和人民。它们不仅承担着人类赖以生存的水源补给，而且为交通不便的古老先民提供了成本最为低廉的交通水道。这些天然的水道，与后期开辟的官道、乡道以及人畜长期踩踏形成的小道，构成了连接山海、城乡，通往远近、内外的道路交通网络，推动着当地各项事业发展。

尤其是古代陶瓷业，对于水道最为依赖。要么紧靠溪岸，要么濒临江边，运输安全又便利。

比如，九溪之一的后房溪，发源于黄厝村东烧尾的两头山，流经黄厝、许厝，至后房与沙溪汇合后，又称蔡塘溪，最后在董水入海。

在这附近，就有厦门史上最为古老的窑址。

据《同安县志》记载，早在唐文德元年（888），位于黄厝村的东烧尾窑就已大量烧制青瓷。1974 年，考古队在此发现了古窑，经 1999 年、2005 年和第三次全国文物普查，确认为唐代窑址。这是厦门境内已发现的最早窑址之一，已发现遗物散布面积约 100 平方米，未见堆积层。此窑以烧造青瓷为主，器形有碗、盏、碟、盆、壶、罐等品类，使用环形垫圈、锯齿形垫圈、三叉支钉及喇叭形垫柱等窑具。

晚唐以来直至宋元两代，是中国陶瓷的高光时刻，外销出现了空前繁荣的局面。目前发现的外销瓷窑址，大多位于南部沿海地区。唐末以来，北方战乱纷纷，大量人口南迁，经济发展缓慢，为南方经济的发展创造了客观的条件。

在翔安目前已经发掘的八座古窑中，就有五座分布于黄厝村后房溪沿岸，其他如下宋厝窑、金柄方田窑等也大多离溪流不远。黄厝古窑产品以青瓷和粗陶器为主，兼有少量黑釉瓷。据专家比对，其中同类型系罐具器，曾在澎湖列岛及东南亚发现过。

黄厝的黄氏家族，来自金柄，源于唐代就已开埠的刺桐古港。

黄厝的唐宋陶瓷，就是通过家门口的九溪水道运达海岸，销往海外。

以今天的眼光和现在地理条件看，说起这些历史感觉有点不可思议。但有一点必须指出的是，在一千多年前的唐代，这里的溪水肯定要比目前深阔得多，海岸线也近得多，而且那时候的船只要比现在小得多了。

纵横交错的古老九溪水道，不但是保障海路物资的集散便道，也是促进海路发展的学习门道，先民们在这里得以练习驾驭舟楫和商贾贸易之道，进而奔向远洋，冲进航海时代的赛道！

翔安的航道码头和渡口

作为水上交通工具的"船",经历了筏、舟、内河木帆船、海洋木帆船、驳船、轮船的升级换代。以最为简易的舟筏作为运输、捕猎的工具,至少源于石器时代,起码有着7000年以上历史。

1886年,世界第一辆汽车在德国降生。1901年,袁世凯用1万两白银,进口了中国第一辆汽车献给慈禧。此后,汽车逐渐风靡国内,从20世纪20年代始,厦门掀起了修筑公路的高潮,境内运输逐渐以陆运为主。

与船只升级不相匹配的是,溪流却日益淤浅。即便是厦门第一大河流的同安东西溪,水运也逐渐衰落,航程日益缩短。至20世纪60年代末,全线基本停航,厦门溪运彻底退出历史舞台。

好在这里的先民们,在水道上早就自浅入深、由近到远,到了唐宋时期,已从河流奔向海洋。

说到海运,那必须介绍航道、港口、码头还有渡口了。

在1998年版《福建省志·交通志》中，收录在翔安区境内的航道和港口，有刘五店和大嶝两个。

在2004版《厦门市志》中，记载在翔安区境内的"水道"有两条：一是刘五店水道，为天然水道，港湾深阔，深入内地达20千米；二是大嶝水道，介于内盘礁和分流礁之间、小嶝岛与大屿岛北侧，经七星礁至澳头，航道弯曲、复杂，小型船须候潮航行。

码头主要有三个。

一是莲河码头，其西南面对厦门岛，东南面对大嶝岛和金门岛，航路三面畅通，港口深阔无暗礁，既是对外通商口岸，又是避风良港，明代为闽南著名的渡口。乾隆四十年（1775）辟为军运码头，运送台、澎驻军的军需品。同治六年（1867）设"莲河盐务正堂"，南安县盐管处亦设于此。中华人民共和国成立后，在莲河港区陆续兴建大小码头11座。靠泊能力60吨级。

二是霞浯码头，1983年12月建成，系盐、杂件码头。

三是刘五店码头，宋、元时代为官渡码头，明朝后逐步发展为商业贸易的小码头。1984年以后，刘五店港区作为厦门港东渡一期工程过驳配套码头进行建设，可供500吨级驳船2艘或1000吨级货轮1艘靠泊作业。码头年货物通过能力为15万吨。

截至1996年，全同安县还有大小渡口14个，线路7条，其中有5条在现在的翔安区境内：莲河—大嶝麦垵；莲河—小嶝；霞浯—大嶝田墘；蔡厝—大嶝嶝崎；后珩—董水。

到这个时候，由于陆路交通发达，渡轮上的客流量已经很少了。除了莲河到大嶝麦埕每日客流量还有上千，其余各航线旅客都已零星稀少了。

那么，在更远的古代翔安，又有哪些古渡呢？

在早期翔安古道中，还有一条全长 30 千米的环海路，自同安经马巷、市头、昆岭、倒桥、新店直至刘五店，这便是串联渡口码头的通海古道了。

接下来，让我们从马巷开始，循迹海岸，一路探寻或明或暗、忽显忽微的翔安古老海上道路。

马家港缘何舍"家"弃"水"成马巷

马巷历来繁华,系闽南著名古镇之一。

据《马巷厅志》记载,早在宋代,朱熹就预测这里"五百年后必有通利之所";明代进士、曾任广东按察司佥事的林希元称马巷是"七泉之巨郡,南北之要冲"。在还没设置厅治的清代乾隆三十九年,金门通判、也就是后来的首任马巷厅通判胡邦翰就撰文说:

马家巷店铺栉比,烟火万家,洵村落巨镇。

用大白话说,这里确实是很大的繁荣商贸集镇。

朱熹是1153年到任同安,走访马巷这个地方的。古人所说数字,一般为虚指,所谓"五百年后",不一定指实际年数,大致意思是较久的若干年以后。不管这话是否真为朱熹所说,有一点可以确定的是，这绝不是哪个人随口胡诌的乡野村言，而是站在历史背景和地理环境所做的科学预测。

在朱熹出生的建炎四年（1130）四月，他的父亲朱松奉调晋江，任石井镇首任镇监。当时泉州港已非常繁荣，设有专职诸港海外贸易及有关事务的泉州提举市舶司。作为泉州港重要支港的安海，此时的对外贸易也已相当发达。元祐二年（1087），泉州派榷税吏在港口设立津卡，坐收舶税，称"石井津"。后因东西新旧两市争夺舶利，相互斗杀，榷税吏无力制止，朝廷便在安海建立"石井镇"，并按镇的建制，由吏部派选九品迪功郎朱松为镇监官。

从泉州进入马巷的第一个驿铺小盈岭，离石井仅为10千米，而石井港和马巷海岸，也不过数十海里而已，均在泉州港区的覆盖范围内。以南宋泉州港的发展势头，拥有海陆交通资源的马巷，发展本来就是迟早的事。

马巷的旧名，就源于马家港。据2012年版《厦门市地名志》记载：

> 马巷原名马家港，另传为马姓商人所居，故又称马家巷，马厝巷。

马巷的别名"舫山"，更是直截了当的，把这里比喻成水上的一艘船了。至于马巷之"马"，到底是源于"马姓人"，还是源于"马头山"，存在争议。我在清代马巷厅治图的马巷汛边上，就看到标注有一座马头山。

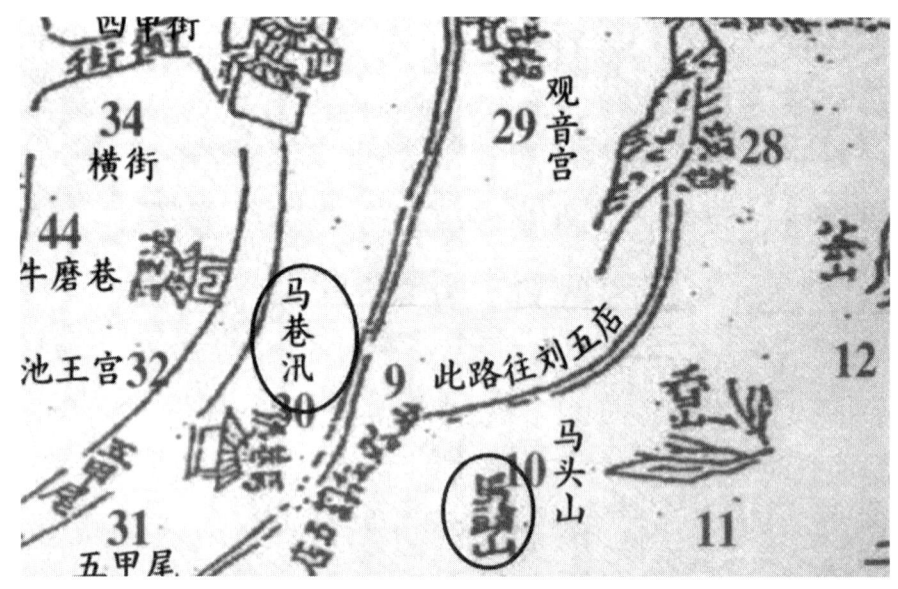

清乾隆版《马巷厅志》马巷厅舆图

另据"博雅地名分享网"介绍，唐贞元十九年（803），朝廷派陈渊从河南固始县到泉州郡设马场五处，金门、马巷皆为牧马场。后马场解散，饲马户改姓马，为同安马氏之源，聚居地即"马家巷"。还有一个版本，马巷街马氏于明嘉靖十八年（1539）由金门迁入，戚继光平息倭患后（1563），马氏在舫山搭寮从事金帛香烛、雕刻佛像等，定居五甲美"六坎"，店称"马开基"，故小街巷定名"马家巷、马厝巷"。

那么，马家港又是从什么时候舍"家"弃"水"，变名"马巷"的呢？

关于马家港，地方志书大多只是片言只语，尚未发现有详细记载。在20世纪50年代，有人在距离下潭尾海面五六千米的马巷三乡坝仔下，也就是现在的渡桥公园附近，挖掘到海贝、海土还有船板，说明这里曾在汪洋之中，或为古代马家港的主要位置。

据《厦门吃海记》作者、长期关注海岸线变迁史的朱家麟博士推测，近千年来，厦门海平面至少下降了10米。

在康熙版《大同志》所附县境图中，马家港尚在；在乾隆版马巷厅舆图中，则已不见马家港踪影了。

随着海水退去，缺了水的马家"港"不再是港，就只剩下"巷"了。而下潭尾这个地方，就是接替马家港的唐厝港，又称塘厝港[1]。

文史专家洪树勋在刊载于翔安区网站的《马巷古代交通史话》中介绍：马巷自古以来海运相当发达，特别是南宋小朝廷偏安临安后，东北、西北陆路通商基本断绝，东南海上却畅通无阻，海外贸易空前繁荣。唐厝港的客货船与厦门及沿海各港都可互通，龙海的建材、福州的"福杉"都在此集散，是抗日战争前贸易最为昌盛的港口，素有"小香港"的美誉。还有下潭渡，与现在集美宝珠屿、海沧鼎美一带互渡。

除此之外，在马巷还有一个叫作白兔的古港，位于2021年划入凤翔街道的井头村后寮海岸，因为地形似兔，故名之为白兔港，古时与厦门港及沿海各港口均有船只往来，贸易颇盛。1938年日军占据金、厦二岛后，白兔港一度被日军封锁，1958年因高集海堤建成，白兔港迅速淤浅；到了20世纪60年代中期，随着

---

[1] 塘厝港在2021年从马巷划入民安街道。

海水退远彻底废弃。

再往东走，那便是更为著名的刘五店和澳头古渡港口了。

陆上的，则有由北向南的三条官道穿过马巷，分别是泉漳驿道、沙溪到马巷驿道、沙溪到刘五店水陆兼并驿道；还有一条形成于宋代的，从沈井铺经五星、朱坑、洪厝至刘五店的15千米干线。

上述这些古道古港，足以构成马家巷十分完备的水陆交通网络。

更加值得一提的是，不仅马家巷街市中心就有厅前铺，在方圆10千米范围内，还先后设有小盈岭、店头、沈井、三忠、下尾店、圣林、三角埕、刘五店等驿铺，连接泉漳，直通海外，拥有古代弥足珍贵的信息传递通道。

至于马家巷是什么时候去掉"家"字的，我认为是在设置厅治之后。在《马巷厅志》收录的，乾隆三十九年闽督钟音关于"移金门通判以治其地"的奏文中以及回复批文，依然写作"马家巷"。

乾隆四十年（1775），朝廷准奏析同安县东部的民安、翔风两里及同禾里之五、六、七都置马巷厅，设通判，直属泉州府。此时，马家巷的"家"才开始隐去。到了1912年才有"废厅，复称马家巷，仍归同安县"的记载。但都叫了一百多年了，早就成名，难以改口了。

当然，丢了一个小小的"家字"，赚了一个大大的"家底"。管理这个家底的"家长"，还是大于同安县太爷的六品通判。

这个家底有多大呢？我们从一张清代的马巷厅治图中就可看出一些端倪。

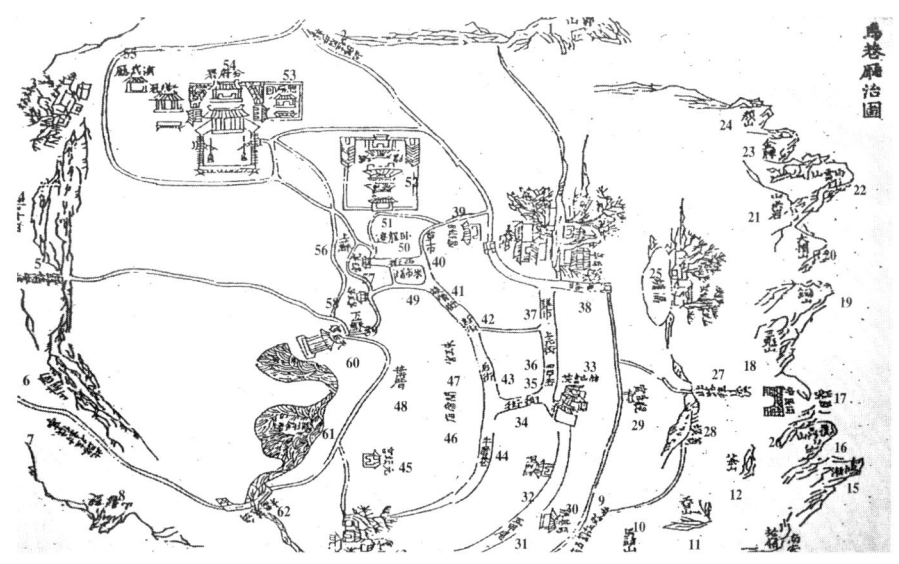

马巷厅治图

这个时候，马巷厅拥有五甲街坊和三大街市，不管是规模还是繁华程度，都不输给一般的县城。

一甲有卧龙边、草仔市、提督街、新街内、土地宫；东边相公宫、上店头、猪仔市；西边西街、完王宫、通巷、米市埔金王宫、顶苏、仙帝宫。

二甲有后亭内、元坛宫、店仔口、东路街、土地宫。

三甲有鸡仔市、上元街、樴[1]门外、蛙仔巷；西边后街、朱王宫、下苏；东边后亭墓。

---

[1] 音 yì，意为船。

四甲有四甲街、相拔宫[1]、通利庙；西边横街、关帝庙、鱼街、叶厝；水尾元坛宫；东边后埕、观音宫。

五甲有五甲街池王宫、五甲尾汛防；西边牛磨巷、六路口；东边山仔尾。

三大街市是：民安里的沙溪街；同禾里的内安渡头圩和新圩；翔风里的澳头圩、刘五店圩，还有在总镇衙前的浯洲大街、右营衙边的横街、泥山头下的新街、沙美社的沙米市等。

无怪乎，马巷要被当地人叫成"买巷"；也无怪乎，人们要以万分艳羡的口吻盛赞马巷：

车轮滚滚，纸字（钱币）千万捆。

所谓"车轮"，是一种传统的比兴手法，指代的就是交通资源。在这当中，起关键作用的还是水道"通利"，还有地处泉州和月港两大湾区交汇的优势。

派驻马巷厅的通判，就是初设安海、再移金门，后到马家巷的，针对的就是水道发达的沿海村镇和海疆要地，目的就是钟音奏文所说，欲效仿安海和金门经验，实现"文武和谐，兵民安辑，习俗淳朴"的目标。

自然交通之道与人文厅治之道的建立，让古老马巷一度驰骋在汪洋之中的赛道，千帆竞渡，万商云集，百姓得以获利。

---

[1] 相泼公宫——笔者注。

刘五店的保家卫国之道

前面说到，从同安到刘五店一带，古时有一条 30 千米的滨海小道，《翔安区志》中进一步记载，此道修建于宋代。在翔安区境内以沈井为起点，向南微偏东分出一支线，经马巷、市头、根岭、朱坑，从造店折向西南，经宋厝、新店、洪厝、杨厝、山头至刘五店，全长 15 千米、宽 1.3 米平直土路面，曾是通海的翔安主要古道之一。

在清代乾隆朝绘制的《泉州海防图》中，就有刘五店汛、澳头汛等据守于同安东南门户。

所谓"汛"，乃清代绿营兵制，其驻防巡逻的地区称"汛地"。一汛，也就是一个驻地，士兵由十多名到上百名不等。

刘五店港区航道在厦门岛东水道内东岸，东水道沿岸主要为红土台地，地势平缓，港湾深阔，深入内地 20 千米。

从宋代到当代，刘五店一直是当地交通要津。

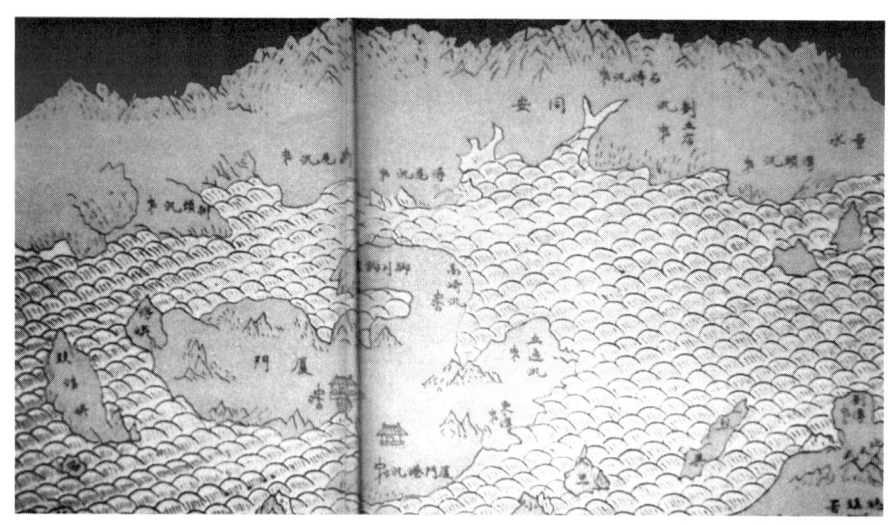

清乾隆泉州海防图

元代，刘五店至五通渡口成为水陆兼并驿道，从小盈岭开辟了一条通往刘五店的官道，连接水路直达厦门。康熙六十一年（1722），清政府首任巡台御史黄叔敬，就是从这里过渡厦门去往台湾的。乾隆二十六年（1761），这里正式设立刘五店铺，转渡船接厦门五通铺。直到1955年10月高集海堤竣工，汽车直达厦门岛，这个古渡口才彻底停运。

据《翔安区志》记载，宋元时代，刘五店港口已是闽南主要对外贸易口岸之一，附近出产的生铁和青瓷器从刘五店出港，经泉州远销东南亚及日本。鼎盛时期，每年有千艘以上商船往来贸易。

1761年，刘五店设驿铺，有三桅大商船开往奉天（今沈阳）、天津、广东、台湾等地贸易。民国初期，每年有商船往上海、天津等地运回棉纱、大豆等货物，往台湾购进食糖、大米等特产。

1931年水（水头）刘（刘五店）公路建成通车后，刘五店港的贸易一度达到了顶峰。

抗日战争期间，港区被日军封锁，且常遭炮击轰炸，航运无以为继。

1946年，同安县绥德乡沿海天花流行，因国民政府抗疫不力，死者无数。仅在珩厝村，一个月内就有60多人罹难，且多为儿童。从1946年到新中国成立前夕，绥德乡一带渔民只能趁着对海外水路的熟悉，数次集体出洋，移居马来西亚。

我于2017年前去马来西亚雪兰莪州巴生港海域，走访了他们居住的"五条港村落"。说是村落，其实就像锚定的联排船只。因为，当时绥德乡难民未能在国外取得寸土寸地，只得在水上当起疍民，常年漂泊于海中央。他们在浅水处打下桩基，搭起简易的栖身之所，形成独具特色的五条港海上村落。鼎盛时期，人口多达三千多人。

退潮时，看着是村落里的几间厝；涨潮时，就像是汪洋中的几艘船。

1949年10月后，刘五店港区被列为军港。1981年9月27日，刘五店港第一次运输新鲜蔬菜直达香港，正式与香港、澳门通航，成为福建省对外开放的启运点之一。

如今，刘五店片区蜕变为厦门东部体育会展新城，而刘五店老街却幸而留存，成为历史的见证。

刘五店老街有着1000多米，可谓"三步一店、五步一铺"，原先有200多家店铺在此经营。

刘五店别称镏江，与厦门岛五通隔海相对，不仅曾为航道、港口和码头名字，在更长的时间轴里还是个村庄街市的名字，清属翔风里十三都刘五店、浦南、桂园保；1943年属振南乡刘桂保；1950年为刘浦乡；1959年为新店公社鸿江大队；1964年改为刘五店大队；1984年改为村委会；2006年3月改制为刘五店社区，辖刘五店、浦南、桂园3自然村。拆迁前，这里的居民主要有蔡、许、刘、高、康、王、黄、林等20多个姓。

地名志说，明代有一位叫作刘五的在此开店，因此得名"刘五店"；到了清代，这里已有列入马巷厅三大街市圈的刘五店圩了。

比起商业贸易成就，刘五店更为傲人的是武功，于清为盛。

2012版《厦门市地名志》有明确记载，在这个小小的刘五店，仅在清代就走出了多名将领：浙江舟山游击王天贵、副将高奇烈，山东水师前营游击林供，江南江阴游击刘喜、左都督高淳泳，广东春江总兵高华松，浙江川沙参将王大德，广东碣石中营游击李政，浙江瑞安副将刘使，厦门右营游击高英，武举人程琮，福建水师提督蔡润泽等。另遗漏的有：广东惠州千总高华，苏松镇奇营游击许岱，广东顺德游击高德明、高文德，广东左翼镇标左营游击高鹰振等。

蔡润泽，号济庵，浦南人，于嘉庆末年投军入水师，因擒捕盗贼有功，初授游击。道光二十二年（1842）英国侵略者侵犯厦门，蔡润泽在屿仔尾炮台予以痛击，迫使英军败走，论功升烽火门参将，再转闽安镇副将。咸丰三年（1853），他又因平定小刀会有功，升金门镇总兵。

早在蔡润泽之前的明代，刘五店就武馆林立，习武成风，关键是水上功夫了得，拥有当时战斗力极强的同安梭船，素以剽悍著称。为防止倭寇侵扰和渔民海上作业安全，地方官府招募沿海渔民为兵，刘五店的数百渔兵及其战船，即为骁勇善战的劲旅之一。

据厦门文旅官方微信号文章披露，在1633年郑芝龙和荷兰侵略者的料罗湾大战中，郑军派出的150艘战船就有50艘来自刘五店。

康熙年间，刘五店渔兵又跟随施琅收复台湾，因平台有功的刘五店人，有舟山游击王天贵、副将高奇烈、左都督高淳泳等多位将领。

他们，随着古老的水道，从寻求个人生存之道，到谋求集体保家之道，直至追求民族卫国之道……

名垂千古，彪炳史册！

附：澳头古渡通远洋

杨柳　蒋永泰

澳，原意为水边地，指江海边凹进去的地方，后引申为港湾。

在翔安区金海街道澳头村，有一个怀远湖，水域面积将近三万平方米。其实,这就是澳头的"澳"了。百年之前,这里停泊的是大大小小帆船,这个凹陷处,就是澳头古渡避风港了。

澳头古渡(杨柳 摄)

澳头渡口早在宋代就已形成。明朝初年,堂号"芦山"的苏姓和堂号"乐安"的蒋姓先后在此耕耘落户。脚下是贫瘠的土地,眼前是浩渺的海洋,恶劣的地理环境塑造了澳头人坚韧的性格。当农耕所产不足以维持温饱,滩涂所出不足以累积财富的时候,澳头先民就将幸福生活寄望于海洋捕捞和航海贸易,同时也萌发出海洋商业意识,衍生与海洋有关的习俗。

澳头渡口临近刘五店航道,获得了许多商机,从而迅速发展了造船业和海上贸易业。从康熙二十三年(1684)朝廷解除"迁界令"开始,澳头先民竞相出海贸易,纵横异国他疆,他们建造的南船向北可航行到天津、秦皇岛和锦州,向东可抵台湾和琉球,向南可达广东、越南。一百多年前,澳头工匠就已经制造出能够远涉重洋,载重数百吨的双桅大帆船。

道光元年(1821),一艘大型木帆船从澳头渡口出发,经厦门岛,穿越波涛汹涌的南海,直达新加坡。这是新加坡沦为英属殖民地后,从中国来的第一艘木帆船,开启了从澳头渡口直航南洋各埠的先河。

此后,澳头村民不断驾驭着双桅帆船,运载货物和乡亲前仆后继下南洋,使这个濒海渔村成为远近闻名的侨乡,许多村民通过涉洋交易,家道逐渐殷实。据粗略统计,澳头村现有侨胞超过两万人,遍布世界各地。

1842年8月,鸦片战争结束,厦门根据中英《南京条约》的规定,在道光癸卯年,即道光二十三年(1843)9月正式开埠通商。一方面,西方廉价的工业商品通过厦门港倾销到闽南地区,导致内地许多手工业工匠失业或破产;另一方面,当地所生产的瓷器和茶叶源源不断通过澳头渡口,转运到厦门港,再经厦门远销海外。

花岗巨岩"鳌石"(杨柳 摄)

花岗巨岩"超旷"(杨柳 摄)

就在厦门开埠的这一年，历任松江知府、山东按察使、四川按察使、四川总督的苏廷玉回到故里澳头。他兴致勃勃地伫立家乡的海滩，远眺海平面的桅帆，欣然在两块花岗巨岩上，分别题写了"鳌石"和"超旷"。

苏廷玉字韫山，号鳌石。刻有"鳌石"的摩崖石刻立在苏氏祠堂旁边，体现了澳头村民如磐石般的性格；刻有"超旷"的摩崖石刻立在澳头海边一座小山丘上，展现出澳头渡口海天一色、寥廓舒展的场景，抒发出澳头船工开拓的视野。

苏廷玉从政期间，秉持"为人清白，为官清正"的宗旨，赢得了"双清"名臣的美誉，这也是今天横跨怀远湖的"双清桥"的命名由来。

2015年，工作人员在清理怀远湖的时候，挖掘出不少宋代瓷器，数量最多的是"同安窑"代表瓷品——珠光青瓷。这种瓷器主要产于汀溪镇的许坑窑和新民镇的新民窑，釉色以淡褐黄釉为主，其次为青釉、青白或灰白釉。有碗、碟、瓶、罐、洗、钵等多种器形，使用刻、画、印等装饰技艺。

澳头所承运的物资，不仅在日本、朝鲜、吕宋、苏禄、安南等亚洲国家和地区畅销，而且还跨越印度洋远销到东非沿岸，甚至还转运到地中海沿岸。

民国时期，澳头成为福厦公路的终点站，这里商店林立，商旅摩肩，街道交错，赢得了"澳头镇"这一别称。

刘五店的保家卫国之道

19世纪30年代的澳头渡口（来自《翔安区志》）

临近澳头古渡口的东南角有一座奉祀天后妈祖的广应宫。该庙始建于明朝天启年间（1621—1627），四百年来，这座妈祖庙守护着海内外澳头人对故乡的深厚情感。

2017年4月，由海内外澳头乡亲集资，总造价70多万元，高达七米多的妈祖石雕像在广应宫左前方落成。整尊妈祖雕像宏伟壮观，庄严肃穆，面朝大海，成为澳头社区新地标。

拓展阅读：澳头人开发了锦州港

1740年，澳头南北船蒋氏船队，开发锦州市西海口码头，这就是我国北方大港锦州港的前身。

据辽宁锦州西海口真武庙碑文记载，清乾隆五年（1740），福建同安澳头蒋家驾船到北方通商，九月九日遇大风，船被刮至锦州天桥厂附近海岸（今锦州港西海口工业园区），登岸后发现该处荒无人烟，杂草丛生，是一片未被开发过的盐碱地带。蒋家当即请天桥厂一位姓才的人做向导，去锦州城勘查地理，得知锦州是一个较大的古城，是辽西地区政治、经济、文化的中心，是一个理想的物资集散地。船队靠岸处距锦州约30千米，物资运往锦州销售甚为方便，同时还可以将北方的土特产品载回南方销售。

在这个地方开辟一个通商口岸较为合适。因此，船队回澳头后就在蒋氏家庙中议事，商定每房出五条船，五房共出船二十五条，再次载货到锦州天桥厂海域。船队登岸后，一方面销售货物，一方面采用抓阄的方式划分地段，每房建一条街，同时着手修建码头。因东面有个东海口（又称马蹄沟海口），蒋家就把这个无名之地定名为西海口。

西海口码头经过蒋家人的开发建设，很快就成为辽宁西部一个很繁荣的帆船商港。进口船只来自全国沿海各地，来自福建、广东的船叫雕船、乌船或红头；来自江苏、浙江的船叫杉船；来自天津的船叫卫船；来自山东的船叫登邮。这些船每年都有一千艘以上，运来上述各地的物产、药类和外国洋货，出口货物主要是粮食和油料作物。

清朝在西海口码头设立巡检实行管理。当地由驻防守御协领派员设卡，征收进口船规，作为捐税，每船收规银二十两，咸丰十年开始加倍征收，每船收规银四十两。

据史书记载：乾隆二十二年（1757），清太祖努尔哈赤第十二子英王阿济格的五世孙爱新觉罗·敦敏曾在西海口当过税官。由此可见，西海口建码头不到二十年就迅速繁荣起来，吞吐量逐年增多，当时还把闯关东来的河北省沧州地区穷苦农民组织起来，成立十八帮，专门负责装卸货物。当地老百姓流传着这样一句话：

卸不完的西海口，填不满的锦州城。

西海口的极盛时期在清代道光、咸丰年间。同治初年此地又准运杂粮出口，遂使东海口进出船只云集而来，那时桅杆林立，商旅接踵，一派富庶繁华的景象。至清代光绪初年，由于牛庄、营口商埠相继开通，到西海口的船只日渐减少。后来京奉铁路修通，海运一落千丈，西海口成了渔港。

当年，蒋家船队（北方统称南船）使用的船只一律为木帆船，载重量四五百吨。南船一年走两个往返，每年的农历正月由南方载货来，秋天装货往南方而去，十一月中旬（小雪）南船第二次到西海口。从澳头到西海口，船只需在海上航行一个月左右的时间。

西海口极盛时期，共有蒋氏族人二百多户一千四百多人。他们除了以"乐安"为堂号外，每房还各有自己的商号，分别是锦头，振发、元兴、元昌、元盛。

西海口衰落后，振发号部分人远赴新加坡发展；元兴号多数人固守西海口；元昌号有的回南方，有的去了新加坡，也有人去了山东省烟台、龙口地区。现今留在东北的澳头蒋氏后裔，主要是振发号和元兴号的人，主要聚居在锦州港的西海口、朱家口、孩窝铺社区。

1988年经国务院批准，这里重建西海口码头，定名为"锦州港"。到2019年，锦州港口岸吞吐量连续3年突破亿吨大关，位居全国沿海港口第23位，成为辽宁省重点发展的北方区域性港口，是中国辽宁沿海经济带建设战略中的重要节点之一。

莲河古渡兴盐业

来到香山街道的莲河,已经到了翔安区边缘了,再过去,就是南安了。莲河人的方言口音,与翔安其他地方有很大区别,偏向于南安腔。因为在五十多年前,莲河还是南安的。

其实,现今厦门市辖地中,除了海沧东部以外,在一千多年前大多属于南安。公元803年,南安县绥德(今翔安和金厦两岛)、永丰(今同安)、明盛(今集美和海沧西部)、武德(今长泰)四乡虽然析出设置了大同场,但仍属南安县管辖。

唐宋时期的"场",介于县和乡镇之间,是一种特殊的政区建制,主要存在于唐代及五代时期,作用是加强对地方的控制。"场"的设置通常带有某种特定的经济目的,作为"场"的地域,一般都拥有比较特殊的自然资源。往往和军需有关。

直到后唐天成四年(929),闽王王延钧升大同场为同安县,此时大同安才算彻底脱离南安。

莲河却姗姗来迟,直到近千年后的1971年,才从南安县石井公社划属同安县新店公社，1973年再与同安县整体划归厦门市。

莲河之名，与河无关，源自闽南语"来蠔"的雅化（又有一说为"内河"）。蠔是蚝的繁体，闽南语的"蚝"即牡蛎。这个地方两侧有很长的海岸线，古时候为当地牡蛎交易集市。当载满牡蛎的船只一靠岸，往往高声大喊"来蚝啦"，用以叫人卸货、招徕买家。这就是村名"来蚝"的由来。直到今天，莲河蚝依然有名，尤以七耳小蚝为最。

据《南安县志》记载，莲河港，俗称莲河沃[1]，位于南安县南端海域，面积1平方千米，水深9.5米，无风险，利于船舶停靠。

从莲河沿海岸线往南10千米，就是古泉州对外通航的重要港口石井了。早在宋代，石井就设有巡检司和专职港口贸易税收的石井津、石井镇，朱熹的父亲朱松，就是石井镇首任镇监。到了明末，郑成功在石井"望金山"下，还开挖了方圆百丈，可容船数十的深水避风港。

另有资料说，1661年，郑成功就是从莲河古渡率部出海，跨上金门诸岛，直至收复台湾的。

作为石井近邻的莲河，当然不只是个"卖蚝的"。

据《厦门市志》记载：莲河西南面对厦门岛，东南面对大嶝岛和金门岛，航路三面畅通，港口深阔无暗礁，既是对外通

---

[1] 沃，应为澳的异体字。

商口岸，又是避风良港，明代为闽南著名的渡口，乾隆四十年（1775）辟为军运码头，运送台、澎驻军的军需品。

莲河不仅拥有畅通的水道，而且自古交通就很便利。

早在宋代，就有一条古道，起自现在的马巷朱坑造店，向东南经茂林、东园、珩厝、霞浯至莲河，全长10千米，土路面，宽1.3米。还有一条从莲河码头到南安丰州镇的古道。1931年，由侨商集资的巷南汽车公司分段，也修筑了莲河至新店的莲新段，并于1932年通车，后来列为省道201线，自南安水头，经莲河、新店，终点为刘五店，长15.99千米。

中华人民共和国成立后，莲河港区陆续兴建了大小码头11座。20世纪80年代重建的莲河码头，可泊千吨级货轮。

1971年莲河码头归属同安县后，港航管理仍属南安石井港务中心站，可见莲河港与泉州港区的联系更为紧密。

莲河一带自古盛产海盐，与之并存的是走私盛行，这种情况一直持续到改革开放后才彻底销声匿迹。

"官盐"制度在中国源远流长。早在春秋时期，管仲就推行"官山海"政策，首开中国盐政之始。唐代专卖制的创立，标志着中国古代盐政制度的成熟。直到清代，盐的生产、买卖、征税、缉私等关键部分，都控制在盐务官僚和被授予特权的世袭盐商手中，其中的奥妙是：言者不能知，知者不能言。其中利益纠葛，错综复杂，说不清道不明。

太平天国运动爆发后，盐运官道梗阻，盐饷减少。同治初年，曾国藩与左宗棠先后奏请试办票盐，取消了对商人和行销地的限制,大小商贩只要领票纳课,就可"不分口岸""随地运售"。

莲河村里的盐务局

在这个背景之下,同治六年(1867)在此设"莲河盐务正堂",南安县盐管处也设于此。盐务衙门的设立,让莲河港区的发展迅速达到顶峰。到了清光绪年间,每天进出莲河海湾的商船达到百余艘。

在很长一段时期,尤其是大嶝大桥建成之前,莲河一直是金门、大小嶝等诸岛主要对渡港口。

水道的发达,必然带动商道的发展。

有着数百年历史和数百米距离的莲河街,与莲河古渡码头,共同见证着历史的风云变幻。

说起莲河,古时人称"水石莲"。这是南安水头、石井和莲河三个地名的组合,也是一条连通三地的公路名字。

莲河既是南同交界处，又是水陆交汇处，也是南同两地及其离岛的商贸交集处，曾是金门、大嶝、小嶝、角屿乃至台湾澎湖列岛的居民和驻军补给古渡。

据多方资料显示，早在明末清初，莲河就已形成商贸小集市。20世纪30年代，南安县溪头镇人、土匪出身的军阀陈国辉看重了这里的地理优势，为了攫取更多利益，特地开辟了水头—石井—莲河公路，并在三地着手布局商业网点，莲河旧街随之拓宽改造。

那时陈国辉驻军龙岩，肆意征收人头捐、烟苗捐、牲畜捐、公路捐，筑路另派工派款，名目繁多，残酷盘剥当地百姓。

1929年，红军三次重创陈国辉驻扎龙岩的主力部队，迫使他逃匿漳州；1932年11月26日，陈国辉被国民党第十九路军诱至福州执行枪决。

"水石莲"公路以及莲河古街的改造，恰好和陈国辉失势时间节点重叠。或许是陈国辉无暇顾及，让莲河古渡及其市场免遭苛捐杂派的盘剥，得以较好发展。南同两县的商品，还有附近海岛的特产，堆满了莲河集市店铺。就连台湾运来的甘蔗、香蕉、菠萝等特产，也在这里上岸，由此走遍各地。一里长的老街开满了商铺，曾经人声鼎沸，热闹非常。

当然，其他商品只是附带的，盐才是莲河的根本。据《南安县志》记载，民国时期，每天在莲河投入的挑盐苦力高达三五百人。

南安多山，古时运输以民间肩挑背负为主，同安人称这个行当为"南安担"。宋嘉定年间，南安康店驿设驿丞、驿皂、马夫、递夫、兜夫等。清朝至民国期间，官府设驿运站，民间有"苦力班"，承担挑运任务，总称"大路口"。据《南安县志》收录的 1943 年福建省驿运总处资料显示：

> 从莲河挑盐至丰州转永春，日佚口三五百人之多。

莲河盐业之重，街市之荣，由此可见一斑。

遗憾的是，这闪亮的一刻，犹如古代莲河街市老去的回光返照。随着浅水港的没落，井矿盐的崛起，尤其是莲河码头的停用，让这个缘蚝而生、因盐而兴的港口集市逐渐衰败，回归一般的宁静。

幸运的是，随着莲嶝大桥的建成，莲河老街或将走向新的赛道，迎向更加繁华的大道。

大嶝港：明代种树，清末开埠

位于厦门东南海面的大嶝、小嶝和角屿，以特殊年代的"英雄三岛"威名而著称于世。

三岛现属翔安大嶝街道，宋朝至民国初期，属同安县翔风里十五都、十六都；清乾隆四十年（1775）改属马巷厅；1912年划属思明县；1915年属金门县；1950年改属南安县大嶝区；1971年划回同安；2003年4月划属翔安区。

对古代小岛来说，唯一的对外交通方式就是水道了。

据1998年版《福建省志·交通志》记载，大嶝港航道东口介于内盘礁和分流礁之间，位于小嶝岛与大嶝岛北侧。经七星礁至澳头，航道弯曲、复杂，小型船须候潮航行。

清朝以前大嶝原无大港，只在沿海设有简陋的渡口码头，可通金门岛、厦门岛、同安县城、泉州等地，1949年后对外交通主要靠莲河码头。改革开放以来，这里修筑海堤和大嶝大桥，从而彻底改写了大嶝岛的交通方式。

大嶝古老海路(郑水忠 摄)

莲河渡口

从古代一直使用到当代的，主要有以下几个渡口。

（1）大嶝—莲河渡口。莲河至大嶝相距 1 海里，因两岸建造码头各自向外延伸，两座码头的直线距离仅 0.63 海里。莲河渡口是"三岛"军民往来大陆的主要渡口，平均每天出入近千人、货物约 3 吨。大嶝大桥通车后，客渡逐渐减少。

（2）小嶝—莲河渡口。莲河至小嶝岛直线间距 1.67 海里，明代起就有渡运。1992 年 9 月，大嶝岛海堤与内陆接通，莲河至小嶝渡口客流量减少，改为大嶝至小嶝渡口。

（3）嶝崎—蔡厝渡口。蔡厝至嶝崎直线间距 0.5 海里，但多浅滩，最深处潮水退下后干出 2.2 米，故两岸渡运，须乘潮水，2006 年通岛公路建成后停运。

（4）田墘—霞浯渡口。霞浯至大嶝田墘直线间距 0.61 海里，两岸均有码头，2006 年停运。

（5）大嶝—小嶝渡口。1955 年建，后经多次改造，是小嶝居民进出岛的主要渡口，两渡口之间航线距离约 3 海里[1]。

另据了解，大嶝历史上还曾有珩厝—田墘、田墘—角屿、东埕—厦门轮渡码头、阳塘—金门琼林等多条线路。

至于大嶝港区的建设，一直到了清末才有较快发展。

按照《马巷厅志》记载，到了乾隆四十二年，由同安县详送和新增的大小嶝澳船只，包括小商号、小艇一共 39 号。在它不远处的陈坑澳，此时登记在册的船艇则有近 300 号了。

---

[1] 1 海里 =1852 米。

清道光二十二年（1842），厦门被辟为"五口通商"口岸之一后，外埠商船为逃避厦门海关征税，驶向大嶝转口，从此大嶝形成港埠。据《翔安区志》记载，到了清光绪年间（1875—1908），大嶝拥有帆船近40艘，往返于厦门、台湾、汕头、福州等地，港口颇为繁荣。从这里出发的"邱大顺"号等，曾远航至琉球群岛等地。辛亥革命后，外埠商船逐渐转至厦门，大嶝港口日渐衰落。

1957年，在大嶝田墘建客货码头，作为供应军需民用物资的口岸，基本无贸易性质。1979年后，海峡两岸关系日趋缓和，大嶝港与上海、汕头、广州、香港等港的航运关系日益紧密。1985年，货物吞吐量7.16万吨，旅客吞吐量20.15万人次。到了2007年，大嶝港口吞吐量达到8650吨。

在田墘码头附近，有一片绵延一千米长的老树林，那可是大名鼎鼎的明朝进士、理学名家林希元为他们种下的风水宝林。关于这片林地的历史，《金嶝田墘郑氏族谱》里有着十分详细的记载。林希元的母亲名叫郑瑞娘，是田墘村的。在担任南京大理寺丞期间（1530—1533），林希元曾到田墘拜访母亲的娘家。船一靠岸，前来迎接的都是青壮男丁，不见老人家身影，这让林希元有些不解，以为小岛人家不懂礼数，后来一问，方知实乃令人心酸的误会。

舅母告诉林希元，岛上自古缺乏水源，沙尘肆虐，居民过的是饥一餐饱一顿的日子，能活到30多岁的已经不多了。那天到码头迎接林希元的青壮年，全都是村中的"长者"啦。知道真相后，林希元顿起哀怜之心，站在沙岸向西北眺望，恰见前方九溪奔涌而来，就像九条巨蟒扑向大嶝。

经过一番深思熟虑后，林希元决定布下"蜈蚣阵"抵御"巨蛇"，就是在沙岸植树抵御自然灾害。

可是，在咸沙地上种树谈何容易？林希元想到一个办法，他发动村民运土造墩，按照北斗七星的方位，在沙岸垒成七个土墩，即"七星墩"，在上面种下黄连木、黄金树、鹊梅树等，并立约严禁取木。

在村民们的精心照料下，数年之后，林希元亲手参与种下的树木株株成活，形成连绵500多米长的郁郁葱葱茂林，迎着海风摇头摆尾。远远望去，犹如一只耀武扬威的蜈蚣盘踞田墘海岸，护卫着这里的土地、黎民。按民间说法，这阵势就叫"九蛇拜蜈蚣"。

从此，大嶝岛民在很大程度上远离风沙恶浪之苦，生活水平日益提高，活到六七十岁乃至更高寿命的人多了起来。这片林地，自然被历代村民视为生命般呵护、加固，福泽绵延500年之久。

诚然，《金嶝田墘郑氏族谱》的记载与村野传说多少带有一些迷信色彩，但林希元造林防风治沙之法，无疑是科学的创举。在名人效应感召下，这片树林得于生生不息，当地百姓获益匪浅。

据翔安文史专家、田墘人郑水忠介绍，田墘村民感其植树福荫恩德，把林希元这位异性外戚奉为先祖，尊称"圣贤祖"，奉祀于郑氏家庙。在林希元忌日，即每年的农历九月三十那天，村里举行隆重的祭祀仪式，令其享受万代香火之荣。抗战时期，田墘一度还成为金门县政府所在地。

1937年10月，日军占领金门岛。1938年初，金门县政府迁到田墘，借用民居办公，直至抗战胜利后才迁回金门岛。当年金门县政府总部、文书房、保安队、会议室、盐兵楼、国民党县党部、县党部书记处等7处12栋建筑，直到现在还保留完整，成为两岸同胞共同抗日的重要史迹。

大嶝虽然孤悬海外，但自古不乏名人。

早在宋代元初，就有泉南名贤、理学家邱葵归隐小嶝。东埕的后店出了明代两淮转运使王佐，鲟窟出了清代广东龙门协副将谢云，山头出了明万历年广东恩平知县蔡标等。尤其是阳塘，乃明代进士、"一品军门令"张廷拱以及清代金门游击张正之等名人的故里。

关于张廷拱的史迹，由张再勇所著《文魁挂帅军门令》描述极为详尽，早已入选《鹭岛清风——厦门历史名人勤廉故事读本》。

张廷拱是明万历二十九年进士，一生廉正，政绩颇丰。他初授安徽怀宁县令，上任后发现朝中太监等内使肆意勾结地方世家豪族，走私官盐、为虐乡民。从小生活在大嶝盐场的张廷拱深知其中之害，便下令严惩不贷，而对于被迫参与的船夫走卒等普通百姓，则从宽处理，从轻发落，以一己之力革除官员挟带私船征用民工的弊病。

他改任丰城县令时，捐俸筑堤以利民；担任河北迁安县令时，积极推行"一条鞭法"减轻苛捐杂税，解民生之忧。天启年间，张廷拱任祠祭司郎中时，朝中官员多依附阉党权贵，他宁可被削职，也绝不与之同流合污。崇祯皇帝即位时他复职，官佥都御史巡视大同。到大同后，他给军饷恤军士、修堡垒、制枪炮，使边境得以安全。崇祯帝称赞他"廷拱真福将也"，加封其"一品军门令"，身后"钦赐祭葬，谥襄靖，祀乡贤"。

明万历进士、集美人陈文瑞为大嶝张氏宗祠撰联曰：

金嶝形胜无双地
银邑清廉第一家

这副对联，既是对于"襄靖"人物的褒美，更是对于培育"乡贤"土壤，亦即大嶝群岛的礼赞。

附 录

翔安主要古道一览表

陆地道路

序号	名称	路线	始建年代
1	罗田—豪岭古道	古宅经后垄、行宫、五显、大同—禾山（后期延伸到苎溪，直达漳州）	西汉建元六年（前135）
2	古宅—新圩古道	古宅经后埔、田中央、温溪、云头、钟山后直达新圩	宋代
3	古宅十八弯古道	自古宅村解元巷经虎山到甘露寺后直通南安	始建于西汉铺修于宋景定元年（1260）

续表

序号	名称	路线	始建年代
4	布衣古道	金柄村—大帽山	明代
5	同安至大盈古道	自同安县城向东,经五甲、梅山、布塘、上宅、新圩、前山、村尾,越过县境的双塔,进入南安县至大盈,全长18千米,土路面,宽1.33米,多陡坡急弯	《翔安区志》记载为宋代
6	新圩至马巷古道	起自同安至大盈古道上的新圩,向南经路山头,直达马巷,全长7000米,土路面,宽1.33米,较平坦	《翔安区志》记载为宋代
7	泉漳驿道	小盈、店头、沈井、洪塘、县前、乌泥(涂)、新塘、苎溪、安民、鱼孚、深青、仙店等12铺,以供邮驿,全长34.5千米	宋代

续表

序号	名称	路线	始建年代
8	沙溪—通利庙官道	从沙溪起，途经内塘保、西塘保、三角埕、内田、坪边、赵岗、刘塘（漏塘），直达马巷通利庙；原为乡道，设置马巷厅后升级为官道，曾设有三角埕和厅前两个驿铺	明清时期
9	沙溪—圣林—刘五店官道（沿海线）	沙溪到刘五店的水陆兼并驿道，经下尾店、蓬莱保，到了圣林后分成两道：沿海线走李彭蔡保，经东界保到刘五店。曾设有圣林、刘五店铺	明清时期
10	沙溪—圣林—马巷街官道（内陆支线）	沙溪到刘五店的水陆兼并驿道，经下尾店、蓬莱保，到了圣林后分成两道：内陆线转洪林湖，经炉山龚保到马巷街。曾设有圣林铺	明清时期

续表

序号	名称	路线	始建年代
11	沈井—刘五店古道	以沈井为起点，向南微偏东分出一支线，经马巷、市头、根岭、朱坑，由造店折向西南，经宋厝、新店、洪厝、杨厝、山头至刘五店，全长15千米，路面宽1.3米，土路面，较平直。曾是通海的主要古道之一	宋代
12	七里—店头古道	起自桂林七里，通往店头铺。	明代以前
13	新店—东坑古道	起自新店，通往东坑；源自乡道，曾为官道。	明代以前
14	香山古道	吕塘、大宅一带通往香山岩	宋
	造店—莲河古道	起自造店，向东南经茂林、东园、珩厝、霞浯至莲河，全长10千米，土路面，宽1.3米	宋代修建

续表

序号	名称	路线	始建年代
15	莲河—丰州古道	从莲河码头到南安丰州镇	不详
	莲河—水头古道	水头经石井到莲河	1931年前后由军阀陈国辉所建
16	省道201线（刘五店至水头段）	自南安水头，经莲河、新店，终点为刘五店，长15.99千米	1931年由侨商集资的巷南汽车公司分段修筑莲河至新店（莲新段）、新店至刘五店（新刘段）路段，当年新刘段通车，次年莲新段通车

续表

序号	名称	路线	始建年代
17	县道马澳线	起自马巷，迄于澳头，全长15.05千米。即从福州往马巷达澳头渡海至厦门；抗战开始后，政府曾奉命对马澳线两度自毁；抗战胜利后，曾予修复，勉强通车	1925年侨商施用荫、陈德厚集资组建巷南汽车公司修筑；1928年5月竣工通车；1935年收归国有，并于次年3月1日起实现与福厦公路直达行车
18	县道下新线	起自同安城东桥经新圩、马巷至下潭尾，全长24.8千米	1928—1930年修建，1955年重新修建，1992年对马巷至下潭尾路段进行路面改造，并改称翔兴线

水道溪运

序号	名称	路线	始建年代
19	东溪水道	起自东溪源头古宅，经后亭、山头、后垄、行宫、五显等村社后抵达同安，直至与西溪交汇之处。翔安区辖地有曾溪、新圩溪等支线；同安区辖地有竹坝溪、垵炉溪、西洋溪等支线	
20	九溪水道	起自七里保，经店头驿铺、三角埕驿铺、内田、蓬莱，在董水入海。有内田溪、美山溪、马池溪、店头溪、新安溪、沙溪、内头溪、后房溪等支流支线。沿线曾有店头、三角埕和圣林等驿铺	

水道海运

序号	名称	路线	始建年代
21（港口古渡）	马家港	路线不详	不详
	塘厝港	通往厦门沿海各地	不详
	刘五店港	宋元时代，刘五店港口已是闽南主要对外贸易口岸之一，附近出产的生铁和青瓷器从刘五店出港，经泉州远销东南亚及日本。宋、元时代为官渡码头，明朝后逐步发展为商业贸易的小码头。1761年，刘五店设驿铺，有三桅大商船开往奉天、天津、广东、台湾等地贸易	宋
	下潭尾渡	通往厦门、同安、集美、海沧等地	不详

续表

序号	名称	路线	始建年代
21（港口古渡）	澳头港	通往中国天津、秦皇岛、锦州、台湾、广东地区以及海外琉球、越南、新加坡、日本、朝鲜、吕宋、苏禄、安南等国家和地区	宋
	霞浯码头	通往附近岛屿等地，系盐、杂件码头	不详，重建于1983年12月
	蔡厝渡	通往附近岛屿及大陆等地	不详
	后珩渡	通往附近岛屿及大陆等地	不详
	董水渡	通往附近岛屿及大陆等地	不详
	莲河码头	明代为闽南著名的渡口，乾隆四十年（1775）辟为军运码头，运送台、澎驻军的军需品	明代

续表

序号	名称	路线	始建年代
21（港口古渡）	大嶝港	厦门被辟为"五口通商"口岸之一后，外埠商船为逃避厦门海关征税，驶向大嶝转口，从此大嶝形成港埠。往返厦门、台湾、汕头、福州等地，远航至琉球群岛等地	清道光二十二年（1842）
22	刘五店航道	为天然水道，港湾深阔，深入内地达20千米	
23	大嶝航道	介于内盘礁和分流礁之间、小嶝岛与大屿岛北侧，经七星礁至澳头，航道弯曲、复杂，小型船须候潮航行	

翔安自传
——讲述数千年来的"绥德往事"

序

《文心雕龙》曰：序以建言，首引情本。

我叫翔安，是目前厦门市最年轻的一个行政区，又是厦门市境内最古老的土地之一。厦门史书上的第一笔文字记载，第一条道路，第一个巨族村落，都在我脚下的这片土地。

绥德乡，是我最为久远的古名，原属南安，后归大同，再入同安，算来已有一两千年之久。

"绥德"两字，最早出自南朝《世说新语·政事第三》，表达的是以仁德治国的政治主张。唐太宗李世民非常喜欢，引以为治世名言曰：

> 强者绥之以德，弱者扶之以仁，恣其所安，久而益敬。

意思是说：对强者用恩德来安抚他，对弱者用仁慈去体恤他，放手让他们安居乐业，久而久之，大家就对他越来越敬重了。

"翔安"这个名字，就是源于古代同安县绥德乡的翔风、民安二里，各取一字合并而成，寓意"翔腾发展，安康吉祥"。2003年10月19日，翔安区挂牌成立，所辖区域地形图，就像当地人喜爱的石狮爷模样，迎风屹立，坚韧不拔。

不忘绥德扶仁初心，牢记业翔民安使命。

元

《周易》云：元者，始也。

说起翔安历史，那还得从境内的新圩古宅溪说起，它是古老同安母亲河东溪的上游。厦门的第一缕文明曙光，也是从这里驱除黑暗，进而通明全境。

早在三四千年前，就有人类在这附近活动。他们在现今新圩古宅、钟山等处，还留有原始的新石器。考古发现，新石器传到我们闽南已经是商周时候的事了。在商朝，翔安区域属于扬州地，周代为七闽地。春秋战国归属越地，秦时划入闽中郡。西汉初，属闽越国。在古宅发现的石器叫作"有段石锛"，这可不是普通农具，而是百越先民开凿独木舟的原始工具。百越人习水性、善舟楫，与后来的中原移民相互学习，促成海洋文化和农耕文化相互交融，形成独特的闽南海洋文明，帮助人们奔向海洋，勇立潮头，过台湾、下南洋、走向四方。

翻开2004版《厦门市志》的大事记，第一条记载的，就是发生在古老翔安的闽越国大事：

> 建元六年（前135），闽越王郢进兵南粤，开辟同安境内罗田至豪岭的古道32.5千米。

这个叫作"郢"的，姓驺氏，是西汉时期闽越国国君。罗田—豪岭的兵道，就是从今天翔安古宅的山根开始，顺着东溪，一直到现在的同安禾山一带。就在这一年，闽越军队计划跨过绵绵群山，穿越古宅大峡谷，通过新开辟的这条兵道，一路直下攻打南越，位置在现今的广东广西一带。南越王赵眜向汉廷告急。汉武帝任命王恢和韩安国为将军，率兵分别从豫章（今江西南昌）、会稽（今江苏苏州）出发，讨伐闽越。郢分兵在仙霞岭（今闽浙交界）一带拒守。遗憾的是，在汉军压境的危机下，郢的弟弟余善乘机发动政变，鼓动闽越权贵们杀掉了郢，取而代之为王。

闽越王郢取道古宅开疆南粤的壮志虽然落空了，但他所开辟的这条"厦门第一道路"，后来一直是古代同安的重要交通线。

后来，罗田古道拓展到55千米，连到苎溪，通向广东南部。直到两千年后的今天，历经沧桑后的"厦门第一道路"仍然依稀可辨，藕断丝连，交通厦门的东西溪和苎溪，串起古同安两大文明流域，造就了古同安今厦门的快速发展。一直到民国福厦公路开通后，它才逐渐卸下重任，悄然退出历史舞台。

拓荒于初唐的"厦门第一村"金柄黄氏，也是通过这条古道，自泉州开元寺一路而来，依偎在东溪源头，筚路蓝缕，以启山林。所以，自古就有"未有厦门，先有同安；未有同安，先有金柄"的俚语相传。

在同安孔庙里面，收藏着一块原先立在古宅十八弯山巅的小石头，大小一尺见方，应是山中随地取材，天然质朴。这是一块南宋景定元年（1260）的记事碑刻，高0.35米、宽0.38米，阴刻行书8行40个字，粗略记载了重修古宅十八弯的人物、时间和用意。

> 郑公祥，化忌经井，自舍；又僧妙谦十千足。计钱乙佰贯。足铺修此路，计八百余丈。以济往来。景定元年记。

大致意思是说，南宋景定元年，有一个叫作郑祥的人，通过占星术遇难成祥，所以就布舍了九十贯钱；又有妙谦和尚凑了十千文，共计一百贯，足够铺修十八弯古道。路长约八百丈，方便了来往的人。

这个妙谦应为古宅十八弯附近甘露寺的僧人，至于郑祥这个人，就不知来自何方了。宋代的一丈，相当于现在3米多，八百余丈，要不是虚指的话，那说明当时的长度有2700多米，或是从古宅村解元巷算起。目前古宅解元巷的石头路，用材和做工与十八弯无异。

翻开历史，景定元年可不是一个寻常年。这一年，忽必烈即汗位。因为蒙军忙于政权交替，让眼看就要亡国的南宋稍微松了一口气。其后数年，忽必烈仍然无暇南顾，又派遣使者郝经赴南宋找贾似道继续谈和，直到1267年才进兵襄阳，接着攻宋。南宋小皇帝也曾逃到翔安新圩一带，留下"御宅"这个村名和扑朔迷离的传说。1279年农历二月六日，元军攻破崖山，绝望的陆秀夫仗剑驱赶妻子投海，然后自己抱着幼帝步入黄泉。十余万军民紧随其后，共赴国难……

据此说来，古宅十八弯的重修碑记并不简单，这个郑祥先生也不平凡，这条景定古道更不普通，他牵扯着一段历史情感，牵系着一段家国命运。

古宅十八弯，就是西汉开辟的罗田—豪岭的兵道分支，自铺修石头后往来更为便利，成为古同安北部去往府城泉州乃至京城临安的经贸科举捷径。

亨

《周易》云：亨者，通也。

我们这个地方，在很长的历史上属于蛮荒之地，很难进入统治者视野，一直到三国东吴永安三年（260），才在今天的南安丰州置东安县，管辖范围大致为现在的泉州、莆田、厦门及漳州部分地区。西晋太康三年（282），析建安郡置晋安郡，改东安县为晋安县，管辖莆田、泉州、厦门、漳州四地，县治在今南安丰州镇。西晋永嘉五年（311），中原战乱，衣冠士族南渡入闽，沿古南安江两岸聚居，改南安江为晋江。至此，中原人开始陆续拓荒闽南。

再后来又七改八改，隋开皇九年（589），改州、郡、县三级制为州、县两级制，改丰州为泉州（今福州），南安郡撤销，晋安县改为南安县，归其管辖。

我们翔安的老名"绥德乡",就是南安县西南绥德、永丰、明盛、武德四乡之一。唐贞元十九年(803),这四个乡从南安县析出设立南安县大同场。乾符三年(876),武德乡邑长张思进以"便输纳"为由提出单干,奏请将武德乡升为南安县武德场,再后来划入漳州,成为现在的长泰;五代后唐长兴四年(933年)升大同场为同安县,隶属泉州府。除了归属永丰乡长兴里,也就是今天新圩北部的金柄、后埔、后亭等黄氏村落以外,绥德乡不仅几乎囊括现在的翔安区全境,还包括金门、厦门。一直到清代,绥德乡一直辖有同禾(今新圩大部分区域)、民安(今内厝、马巷、民安一带)、翔风(今新店、金海、香山、大嶝及金门岛一带)、嘉禾(今厦门岛)四个里。

唐代垂拱二年(686),置漳州,以陈元光为刺史,郡治在今云霄县城。同在这一年,世居南安(今泉州)的黄守恭长者捐地建了开元寺,遣其五子奔赴各地发展,四子黄肇纶择址东溪之源,即现在的新圩金柄开枝散叶,这是厦门有确切文字记载的第一个村落,与唐末建于苎溪之源的石兜一族,成为古同安两大望族,史称"东黄西石"。

金柄黄氏不仅是开发历史上的"厦门第一",也是科举历史上的"厦门第一"。在《紫云黄氏族谱》中,写有24位唐代进士,其中就有矗立在新圩廉镜园的黄文彦,天宝六载(747)的辛丑科进士、唐代监察御史。这个记载,或许有夸大的成分,又因为唐史的缺失,早已无从考究了。但这个家族的成就绝非空穴来风。在翔安这片土地上,能找到正史记载的第一位进士,就是宋代金柄村的，担任过琼州知府的黄万倾。一千年来考出较多进士的翔安村庄，金柄也是其中之一。明代颇负盛名的布衣名士，还是金柄的，那就是御赐"天恩存问"的理学名家黄文炤。

更为重要的是，金柄黄氏带来先进的农耕技术和崇文重商之风，随着东溪之水浸润斯土斯民，让文明的曙光吹拂这片古老贫瘠的土地。

唐开元年间（713—741），官方开拓小盈至南山岭古道32.5千米，后来又一直延伸，成为元、明、清时期的漳泉驿道。它与西汉开辟的兵道一起，横贯翔安古老的土地，连接厦门东西溪和苎溪两大古代文明流域。乾符六年（879），黄巢军队就从这条道路入境，西行至漳州，攻打广州。战争当然不是什么好事，但却让更多人知道这个地方，迎来一波又一波的中原移民。

让人沮丧的是，我虽然占据着同安母亲河东溪的上游，但这条溪流却在同禾里就转向了，也就是在今天新圩这个地方就奔向永丰乡了。绥德乡虽然也有号称九溪的水源，但其流量却少得可怜。干渴两字，陪伴着我一直到现在，让我在很长的一段历史时期，常年背负着贫穷落后的"同安东部"之名。

好在咱有老祖宗传下的陶瓷技艺。早在唐代文德元年（888），黄厝村就已大量烧制青瓷，直到现在还遗留有东烧尾窑、端平山窑、坪边窑、下宋厝窑、洪山窑、金柄龙窑等唐宋窑址。这些青白瓷产品大多远销海外，虽然谈不上大富大贵，但可以权当"米缸"，换来米粮。

宋代元祐二年（1087），刘五店与五通对渡通航。在这前后，沾着靠近泉州大港的光，马巷、澳头、莲河、唐厝港等渡口兴起，成为古老翔安通向远洋的渡口。瓷器，曾是这里的主要出口产品，光明盛大的窑火，直到明清时期才逐渐暗淡，因为这时，西方人已经掌握了我们的烧瓷技术。还有一个原因就是我们缺乏高端产品，大多为仿制名瓷，或为中低端日常用品。由于自身竞争力不足，再加上明代海禁、清初迁界影响以及近代西方列强霸凌垄断等外部原因，把我们的陶瓷业推向了穷途末路。

中国有句老话说得好：东边不亮西边亮。

绥德乡的陶瓷行业没了，但陶瓷航路却得到持续发展，在海上丝绸之路仍然占有一席之地。由于咱们靠近厦门港，占据泉州港和漳州港的中间，尽管宋元繁华的泉州港没落了，明清兴盛的月港也衰败了，但我们照样沾着新贵厦门港的崛起之光，照亮着通番之途，照亮了赴台之路，引领着一代又一代"下南洋""过台湾"的拓荒潮，抒写了一个又一个移民史上的奇迹！

康熙二十三年（1684），闽海关在刘五店设钱、粮口岸，稽查来自金门、大嶝、小嶝、澳头等各渡船只货物。

康熙六十一年（1722），清政府始设巡察台湾御史，首任"巡台御史"黄叔璥，经过2个月又4天的长途旅行，从京城经由小盈岭，至刘五店码头，渡海前往厦门五通，再经厦门赴台湾上任。任职期间，安辑流亡、博采舆论，有所作为。乾隆二十六年（1761），清政府在刘五店设铺。至光绪中叶，这里已成为一个贸易码头和小集镇，并有大商船开往奉天（今辽宁省）、天津、广东、台湾等地进行贸易。

道光元年（1821），一艘大型木帆船从澳头渡口出发，经厦门岛，穿越波涛汹涌的南海直达新加坡，开启了从澳头渡口直航南洋各埠的先河。

此后，澳头村民不断驾驭着双桅帆船，运载货物和乡亲前仆后继下南洋，使这个濒海渔村成为远近闻名的侨乡，许多村民通过涉洋交易，家道逐渐殷实。据粗略统计，澳头村现有侨胞超过两万人，遍布实际各地。

乾隆四十九年（1784），23岁的古宅人辜礼欢因加入天地会被清廷通缉，遂将田园老宅变卖给同村的黄家，逃往暹罗（今泰国），接着又转移到马来半岛北部吉打，成为在吉打瓜拉姆达的华人首领甲必丹，最终定居于槟榔屿（今马来西亚槟城），再次成为该地区第一位华人甲必丹。辜礼欢是当时马来半岛有名的富商、农场主、华人秘密组织头目、槟城开埠先驱和华侨领袖，他和他的后裔对槟城、吉打乃至马来西亚北部的发展起到了重大推动作用。辜礼欢有个曾孙，就是举世闻名的清末怪杰、最具中华文化自信的一代狂儒辜鸿铭。

1946年，绥德乡沿海天花流行，死者无数，仅在珩厝村，一个月内死亡60多人，而且多为儿童。他们同样把逃亡的线路瞄向海洋。从1946年到新中国成立前夕，绥德乡沿海渔民数次集体出洋，移居马来西亚。他们未能取得寸土寸地，只得在水上当起疍民，常年漂泊于海中央。他们在浅水处打下桩基，搭起简易的栖身之所，形成独具特色的五条港海上村落。直到今天，马来西亚海上，还漂着这样一个"海外同安村"，鼎盛时期，人口多达三千多人。就像家乡的风狮爷，在海上迎风而立，忍耐烟云不计年。

利

《周易》云：利者，和也。

绍兴二十三年（1153），一位20出头的少年进士来到我们这里，当了刚刚设立不久的同安县主簿。这个人，就是后来成为圣人的朱熹。我想，朱熹对我们这个地方应该是熟悉而有感情的。因为，就在朱熹出生的那一年，也即是建炎四年（1130）四月，他的父亲朱松，就在离我们这儿不远的石井担任镇监。当时安海港海外交通已相当发达。元祐二年（1087），泉州派榷税吏在港口设立津卡，坐收舶税，称"石井津"。后因东西（新、旧）两市争夺舶利，相互斗杀，榷税吏无力制止，泉州当局申报朝廷，诏准在安海建立"石井镇"，并按镇的建制，由吏部派选九品迪功郎为镇监官。朱松是首任镇监，相当于今天的海关和税务官员。这个石井镇呢，连通着我们前面说的两条翔安古道，紧挨着现在翔安的新圩和内厝。

在翔安的小盈岭，至今还留有朱熹的"同民安"手迹，岭上的四棵古榕，据说也是朱熹亲手所种。如果传说为真，这可是厦门史上引种的第一批榕树。

当地曾有民谚云：沙溪七里口，无风沙自走。

这里两山夹峙，形成一个葫芦口，风沙长驱直入，危害百姓。朱熹建坊植树，就是为了补上"岭缺"，治理风沙。

和他的父亲一样，朱熹来到我们这里时，也是九品迪功郎。

论官职，仅仅属于末流；但论政绩，那可是让人竖起大拇指的一流。当年他一到岗，就立下"敦礼义、厚风俗、劾吏奸、恤民隐"的治县之法，整顿县学、倡建"教思堂"，在文庙大成殿倡建"经史阁"。当时，同安、晋江两县经常因为利益之争，发生大规模的群体械斗。或许是因为朱松在晋江积累的影响力不小，这个让泉州知府和两个知县头疼不已的烦心事，居然在朱熹的努力调停下，画上了一个和解的句号。

客观地说，朱熹虽然是好官，也是能臣，但他在我们这的官职很小，能起到的作用非常有限。厉害的是在后头，也就是朱熹成名后所带来的深远影响。

朱熹（1130—1200），世称朱文公，宋朝著名的理学家、思想家、哲学家、教育家、诗人，闽学派的代表人物，儒学集大成者。

我该怎样用三言两语来说明朱熹到底有多牛呢？著名历史学家蔡尚思是用一首四言诗来概括的：

> 东周出孔子，
> 南宋有朱熹。
> 中华古文化，
> 泰山和武夷。

意思是说，孔子与朱熹，是中华历史文化中南北并峙、难以超越的两座高峰。

朱熹曾说：

> 天不生仲尼，万古如长夜。

后来有人接着说：

> 天不生朱熹，仲尼如长夜。

更为实际的是，元朝皇庆二年（1313）复科举，诏定以朱熹《四书集注》试士子，朱学定为科场程式。

明太祖洪武二年（1369），诏定科举以朱熹等"传注为宗"。康熙宣扬朱子理学"皆明白精确，归于大中至正"，让朱熹升配大成殿东序为十一哲，这是唯一一个非孔子亲传弟子而进位为哲的。

乾隆五年（1740）下诏，程朱之学"得孔孟之心传……循之则为君子，悖之则为小人；为国家者由之则治，失之则乱，实有裨于化民成俗，修己治人之要"。

自元朝之后，一直到清朝，朱熹的学说就是"国家公务员"的考试教材，这就厉害啦，他可是从我们身边走出去的"神"啊，怎不令人发狂呢？于是乎，在朱熹名人效应的刺激之下，我们这里私学兴起，从此平民百姓也有了接受教育的权利和便利，也敢于追逐那本来就遥不可及的青云之梦。

翻开《厦门市志》，宋代以来的进士举人榜中，从翔安这片土地走出去的占了很大比重，历代名人辈出。

自金柄进士黄万顷之后，在他们当中，有朱熹四传弟子、宋代理学名家、小嶝人丘葵；明代嘉靖二十年（1541）进士、累官至刑部左侍郎署尚书事的洪厝人洪朝选，成化十八年（1482）进士、官至大理寺卿的理学名宦林希元，万历五年进士、陕西参政黄文炳，万历二十九年进士、"竭力报国，言不及私"的大同巡抚张廷拱；清代四川总督，一生为官公正、忠于职守，声誉卓著的苏廷玉；道光解元、古宅人黄维岳，还有前面说到的明代理学名儒黄文炤等。

虽然闽南崇文之风自古皆然，但少地、缺水、吃不饱饭的问题却始终没有解决，所以这里的民风一向剽悍，一直到民国还是如此。因为这事，还惊动了清朝的雍正皇帝，下诏说：朕闻闽省漳泉地方，民俗强悍，好勇斗狠，而族大丁繁之家，往往恃其人力众盛，欺压单寒，偶因雀角小故，动辄纠党械斗，酿成人命案，及至官司捕治，又复逃匿抗拒，目无国宪。两郡之劣习相同，而所属之平和、南胜一带尤为著名，此中外所共知。雍正震怒，命：漳、泉两府必须严加整顿惩戒。

无奈的是，这里可谓山高皇帝远啊，就一道圣旨，哪能降得了千百年积攒下来的牛脾气？据记载，一直到中华人民共和国成立前，翔安的马巷、新圩一带的此风不减。

剽悍之风中外闻名，倒也不全是坏事。

在翔安这片土地上难得的第一次设立县级机构——马巷厅，就是因祸得福的结果。清乾隆四十年（1775），朝廷析同安县的民安、翔风两里及同禾里之五、六、七都，在马家巷设置"马巷厅"，其管辖区域，相当于今天翔安全境，可以称之为翔安区的前身。

遗憾的是，1912年全国实施废厅改县，或许是因为马巷厅衙署已被辛亥革命者烧毁，暂由同安县委派"马巷县佐"代理，后来改县之事不了了之，马巷复归同安县。这个"暂时"的权宜之计，让同安东部的县级行政建制整整耽误了近一个世纪，直到2003年才成立了翔安区。

我稍微给大家普及下，这个"厅"到底是个什么样的建制。清代将地方行政区划为省、府、厅三级。厅是设置在少数民族地区或战略要地的地方行政单位，分直隶厅和散厅。直隶厅直属于布政使司，相当于府或直隶州。散厅一般隶属于府，马巷厅属于散厅。厅的行政长官称同知或通判，同知为正五品，通判为正六品。马巷厅长官就是通判，比同安知县还高一个品级。这有点儿像我们现在的"计划单列市""开发区管委会""综合实验区"之类，属于较高一级的派出机构。

据乾隆版《马巷厅志》记载，马巷设厅，源于一个叫作钟音的福建都督奏请，理由是：同安县太大，向来是福建省最难管制的地方；而且，这里民风彪悍，争强斗狠，不法之事时有发生；同安县衙又距离此地太远，防控无力。

首任通判万友正在《马巷厅志》初刊毫不避讳地说：

> 银同海滨斥卤，俗趋利轻生，一言不合，聚众械斗。重洋内港，舣舟横劫，不第白昼，祛箧探丸，于都市里为尤甚……知县一官，鞭长莫及。

因此，马巷厅的设立，首要目的是强化治安管理，震慑地方彪悍之风。此外，也有发展经济的考量。绥德乡的九溪之水，流经同禾、民安的大片土地，泽被数十个村庄。在这当中，蔡塘和内田两大溪流交汇处的马巷最为滋润，它东接陆地，西临东咀港，自宋代以来一直是周边农林渔盐、手工业制品的集散地和经济、贸易、文化中心，是远近闻名的"闽南四大古镇"之一，素有"车轮滚滚，纸字千万捆"的美誉。

当然，单纯依靠行政治理也不行。历代先贤，还有后来的马巷通判，都很重视人文教育，通过建立忠臣之庙，弘扬忠良之范，其目的就是为了改良民风。用万友正的话来说，即：可以教忠矣。

景炎三年（1278），陆秀夫、张世杰拥宋幼主南逃，由南安入境绥德乡，于同禾里设坛遥拜远在临安的宗庙社稷，这个地方，被称为"朝拜埔"。后来，人们在当年宋军驻扎之处建立庙宇，供奉文天祥、陆秀夫、张世杰三位南宋忠臣，取名"三忠宫"。这个庙宇，就在当年马巷厅管辖范围内。

数任通判都对三忠庙推崇有加。其中，尤以清代光绪的黄家鼎为甚。他出生于浙江鄞县，也就是今天的宁波市鄞州区，算起来还跟咱们金柄黄氏有些渊源。浙江鄞县黄氏始祖黄晟，乃唐末明州刺史，因建罗城及治理有方，被誉为"宁波城市之父"。黄晟的五世祖黄恒，就是从金柄迁居宁波的。黄家鼎之父黄维煊为清末洋务人物，先后任过福建候补同知、台湾海防同知。在黄维煊去世后，黄家鼎依例世袭，曾于光绪十年（1884）代理过台湾凤山县知县，为期八个月。其间恰逢中法战争时期，黄家鼎亲历了山河破碎的悲凉，对于"忠"的内涵及其重要性，有着常人难以企及的体会。

光绪十九年（1893），黄家鼎从厦门炮捐局调任马巷通判。上任伊始，黄家鼎就着力为同安的忠臣名士李长庚、邱良功、陈化成、邱联恩四人立祠奉祀，名为"四忠祠"。为了让乡人以古为镜，鉴古知今，不重蹈历史悲剧，黄家鼎主持修撰《马巷厅志》。在序言中，他一针见血地写道：

> 马巷东南面海，为金门、烈屿、槟榔屿楼橹所指，适当其冲。自郑氏降、蔡牵灭，烽堠不举者几将百年，今则万国通商，海禁尽弛，电灯若镜，铁舰如梭。其海防一门，尤当思患预防，绸缪未雨，以基隆为前车之鉴，壮厦岛后路之威……

黄家鼎任职马巷厅通判两年期间，每年都要举行"三忠王"祭典，并亲自撰写祭文。在光绪二十年（1894）的《三忠庙春祭文》中，黄家鼎疾呼：

> 人孰无死，命靡有常。能持节义，始永馨香。
> 存亡胡恤，成败何伤。煌煌史策，屹屹城隍。
> ……

翔安有句俗话说：有吃有行气，有烧香有保庇。

在历代先贤的忠孝文化教示下，多数翔安人打出的拳头，不再仅仅是为了自己的一亩三分地，而是以拯救天下苍生为己任，把铁拳挥向强寇，保家卫国。

明嘉靖三十七年（1558）武举、古宅人黄复初，不仅自己练就一身武艺，还训练了一支100余人的联堡队，帮助山上甘露寺和邻村拉起队伍习武自卫。尤其值得一提的是，黄复初推崇止戈为武，以德服人，教育改造了周边不少土匪。

明嘉靖四十三年（1564）二月初五，为了抵御倭寇在同安地区的袭扰，在戚继光的指挥下，黄复初带着联堡队英勇击退来犯倭寇。之后，古宅周边山寨成为抗倭据点。

明隆庆二年（1568），广州、福建一带发生海盗叛乱，澄海知县被俘，驻军李茂才牺牲。朝廷遂请俞大猷暂督粤兵征讨，黄复初带着联保队队员加入"俞家军"，将叛乱海盗全部歼灭。

乾隆三十六年武进士、官至浙江水师提督的后滨人李长庚，起为海坛游击，累迁澎湖副将、定海总兵，屡战安南（今越南）夷艇于福建三澎以及浙江定海、衢港、普陀、温州等处洋面。道光四年（1824），其子李廷钰授江西南昌城守营副将，后历任署九江、南赣、广东、江南狼山等镇总兵、浙江提督，任内造船练兵，积极抗英，留有《七省海防纪程》《新编靖海论》《行军纪律》等海防著作，为朝廷所重视。

当代解放军将领、彭厝人彭德清，一生军功卓著。他所领导的一师三旅七团所向披靡，被誉为"一代劲旅"。彭德清从事革命工作 70 余年，曾担任过中国人民解放军第 27 军军长，海军东海舰队副司令员，交通部副部长、部长，中国航海学会理事长等职务。1950 年 11 月，彭德清率 27 军入朝作战，参加了第一、第二、第五次战役，获朝鲜二级国旗勋章两枚，一级自由独立勋章一枚。在长津湖战役中，彭德清指挥 27 军英勇歼灭不可一世的美军"北极熊团"，狠狠击垮了美军不可战胜的神话。

贞

《周易》云：贞者，正也。

古老的翔安，一直是兵家必争之地。

古宅扼守泉南山险，系古同安今厦门东北部重要屏障。早在公元前135年的西汉时期，闽越王郢就从这里开辟厦门史上第一路，亦即罗田至豪岭古道，挥师进攻南粤。

南明永历五年（1651）九月至十一月，郑成功军队在小盈岭设伏，击败福建陆路提督杨名高援军，擒杀清军三万。主将杨名高只身逃脱，后畏罪自杀。小盈岭大捷，鼓舞了一批前明军将领纷纷反正。同年十二月十六日，黄廷攻占诏安；次年正月四日，黄兴夺取平和。明军得以光复了漳州南部的大片地区。

1949年4月，中国人民解放军百万雄师渡过长江、占领南京之后，继续一路南下，以摧枯拉朽之势横扫国民党残余势力；9月17日，中国人民解放军第31军93师277团、278团、279团，在第91师第271团配合下，顺着古宅辜山兵道、十八弯古道神兵天降，突袭同安，围困集美，最后占领厦门岛……

绥德乡地处穷乡僻壤，在上千年的封建历史上很难进入统治者的视野，真正让我扬名的源自两岸对峙时期的"英雄三岛"，亦即大嶝、小嶝和角屿。

明郑时期，郑成功曾划出厦门岛设置思明州，但不久就废止。1912年4月，析绥德乡的厦门及金门、大小嶝置思明县；1915年，又分出金门、大小嶝设金门县。

大嶝这个地方，在很长一段历史中都不太平，时常硝烟弥漫。明洪武年间，大嶝遭倭寇侵扰，居民悉数迁徙内地。1472年倭患平息，岛民回迁。

1937年日寇发动侵华战争，金门沦陷，国民党金门县党部及县政府迁移至大嶝，常受日军炮火轰炸。

中华人民共和国成立后，国民党军依然占据金门、澎湖、台湾等海岛，大嶝、小嶝和角屿因为离大陆近，率先得到解放，从1949年以来一直处于海防前线的重要位置，特别是在1958年"8.23"海战中，军民团结勇敢战斗，抒写了许多可歌可泣的战地英雄篇章，因此被国务院、中央军委授予"英雄三岛"称号，从此在两岸乃至全球中声名鹊起。

1979年1月1日，全国人大常委会发表《告台湾同胞书》，犹如一阵春风，吹散了台海的硝烟，传来了两岸的喜讯。

1987年，台湾当局通过允许台湾居民到大陆探亲的法案。至此，38年来海峡两岸隔绝、亲人分离的局面被打破。

大嶝三岛，这片曾经饱受创伤的土地，终于等来炮火远去、亲人团圆、百业俱兴的盛世美景。从炮火纷飞的对台战斗前线，转变为文化经贸的对台交流前沿。

全国唯一"对台小额商品交易市场"，1998年由国务院办公厅、中央军委办公厅联合批准，在大嶝设立，并于1999年5月局部建成并开业。全国第一家台湾免税公园大嶝小镇于2011年9月6日盛装迎宾。1958年炮战的主战场，华丽转身成为八方游客探秘的大嶝战地观光园。

随着大嶝的走红，与大嶝一起被掀开神秘面纱的，还有整个古老的绥德乡，亦即历来被扶贫帽子盖住的"同安东部"。

早在1994年，就有颇有远见的建设决策者，酝酿开辟厦门东通道，并正式列入"九五"和"十五"期间的重点工程。1998年，东通道前期工作全面启动，开始地质勘探和方案研究。工程于2005年9月6日正式开工建设，2009年11月实现三条隧道全面贯通。

2010年4月26日上午10时，翔安隧道开通运营，这是中国第一条海底隧道，更是翔安区的筑梦大道和希望之道。

至此，这片古老的土地，开始焕发出新时代的无限魅力。

2003年设立的翔安区，陆地总面积420平方千米，海域面积134平方千米，截至2023年，下辖大嶝、新店、凤翔、金海、香山、马巷、民安7个街道，和内厝、新圩两个镇，常住人口70万人，是厦门市最年轻、最具活力和发展潜力的行政区。

它位居金、厦、漳、泉闽南"金四角"核心区，拥有翔安机场、翔安隧道、翔安大桥、刘五店港区、324国道、沈海高速、福厦高铁等，形成连通全球的便捷交通网络。

如今，从地图展望这片古老的土地，我就像一头雄起的狮子，终于挺起胸膛，傲立于厦门东北部！迎着朝霞，奔向大海，拥抱着未来更为康庄富足的业翔民安！

翔安隧道(王火焱 摄)

翔安大道(厦门公路事业发展中心 供图)

翔安大桥（王火焱 摄）

海翔码头（业翔民安　供图）

厦金大桥（厦门段）刘五店悬索桥效果图（翔安区融媒体中心　供图）

翔安机场效果图（黄培真　供图）